梦山书系

和女儿谈

管建刚 著

海峡出版发行集团 | 福建教育出版社

图书在版编目（CIP）数据

和女儿谈 / 管建刚著. —福州：福建教育出版社，
2016.3（2022.3 重印）
 ISBN 978-7-5334-7055-5

Ⅰ. ①和… Ⅱ. ①管… Ⅲ. ①家庭教育 Ⅳ. ①G78

中国版本图书馆 CIP 数据核字（2015）第 278096 号

He Nü'er Tan

和女儿谈

管建刚 著

出版发行	福建教育出版社
	（福州市梦山路 27 号　邮编：350025　网址：www.fep.com.cn
	编辑部电话：0591-83726908　83727542
	发行部电话：0591-83721876　87115073　010-62024258）
出 版 人	江金辉
印　　刷	福建省地质印刷厂
	（福州市金山工业区　邮编：350011）
开　　本	710 毫米×1000 毫米　1/16
印　　张	11.75
字　　数	161 千字
插　　页	1
版　　次	2016 年 3 月第 1 版　2022 年 3 月第 5 次印刷
书　　号	ISBN 978-7-5334-7055-5
定　　价	26.00 元

如发现本书印装质量问题，请向本社出版科（电话：0591-83726019）调换。

目　录

序　老爸和他的信/管童 …… 1
1. 选择 …… 1
2. 计划 …… 4
3. 尊师 …… 6
4. 时间 …… 9
5. 父母 …… 14
6. 节俭 …… 18
7. 作文 …… 20
8. 心态 …… 23
9. 锻炼 …… 27
10. 对手 …… 31

11. 细致 …… 34
12. 主动 …… 37
13. 孝 …… 41
14. 毕业 …… 44
15. 苦 …… 47

16. 耐力 …… 50
17. 失败 …… 53
18. 爱憎 …… 56
19. 胜利 …… 59
20. 无愧 …… 62

21. 心门 …… 64
22. 幸福 …… 67
23. 排名 …… 69
24. 十问 …… 72
25. 满意 …… 75

26. 向上 …… 77
27. 渐 …… 80
28. 度 …… 83
29. 逆转 …… 86
30. 惑 …… 88

31. 恋爱 …… *91*
32. 家族 …… *93*
33. 独立 …… *97*
34. 休息 …… *100*
35. 美 …… *103*

36. 看淡 …… *106*
37. 面对 …… *110*
38. 烦恼 …… *114*
39. 朋友 …… *118*
40. 多面 …… *123*

41. 差错 …… *125*
42. 反观 …… *127*
43. 出门 …… *130*
44. 装下 …… *133*
45. 钱 …… *136*

46. 家 …… *138*
47. 节奏 …… *141*
48. 自控 …… *144*
49. 文笔 …… *147*
50. 放开 …… *150*

51. 高考 …… *153*

52. 伤害 …… *157*

53. 不变 …… *160*

54. 释放 …… *162*

55. 站位 …… *164*

56. 手机 …… *167*

57. 独行 …… *170*

58. 别后 …… *174*

后记：不憾…… *177*

序

老爸和他的信

  那天，什么都毛毛躁躁、忙忙乱乱的一天，老妈来电，老爸给我的信要出版，要我写点话，我一口拒绝了，毫无商量的余地。爸妈面前，孩子最擅长的，不是拒绝，就是耍赖。

  有的时候，躺在床上想，要怎么开头，要怎么结尾，要说多少鸡皮疙瘩的话，要有多少肉麻得伸不直手的字。很多话，到嘴边绕了个圈，又咽回肚里，一说出来，一写下来，一遇空气氧化了，我便不再是我了。

  一天莫名，记不起QQ的密码，找回的时候，发现自己当初设的问题，"对你影响最大的人是谁"，现在，学籍登陆设的问题，各种软件招呼设的问题，都是这个。自己都惊讶，这么多年了，用的问题都是同一个，用的答案都是同一个。答案不是鲁迅，不是孔子，不是海伦·凯勒，而是"老爸"。

  别人眼里，老爸是个工作狂，我眼里，老爸是个"活逗比"，傻乎乎的，笑星一样，逗我和老妈开心，有点像金庸小说里的老顽童。饭桌上，吃剩最后一块肉，垃圾桶将是它最后的归宿。老爸八字眉一皱，嘴里嘟哝："别浪费啊，还有一块肉。"我俩摇头拒绝，老爸瞬间变声，娃娃音，冲着老妈晃脑袋："我和你石头剪刀布好不好？谁输谁吃。"老妈护嘴，老爸又冲着我眨巴着小眼睛："我和你石头剪刀布好不好？谁输谁吃。"见那可怜样，老妈下了准许令："那你吃吧！"老爸像偷了邻家黄瓜的男孩，贼乐。

  老爸严肃起来，热带雨林能结冰。明明倒眉毛，凶起来，怎么可以那么吓人。几乎所有的亲戚家的小孩，见他都躲三尺远，探个脑袋也要戴上面具。姑姑生了宝宝，可爱死了，见谁都笑，老爸也来瞅瞅，宝宝冷不丁"哇"地哭了。我嘲笑老爸："说不定你身后站了个隐形的金刚，小孩有天眼，才那么怕你。"姑姑忙吐槽，她小时候也怕我爸，和他说话，心里要打三遍草稿。看来，宝宝像她。

高三那年，我随口说："老爸你一年不抽烟，我佩服你喏！"也不知借着酒兴，还是真下了决心，老爸拍桌子："不抽就不抽！"我以为那是老爸随口一答。亲朋聚会，大叔大伯们，烟往耳朵上一架，引诱老爸："你也来一根？"老爸闻了闻烟，回头瞅瞅我，"我跟她打赌，不抽烟不抽烟。"不知不觉，我成了"南京""中南海""云烟"的挡箭牌，每每吃饭，总有熟悉的叔伯吵着："管童，你就让他抽呗！"我笑而不语，看老爸能忍到什么时候。到现在，我们家都没有打火机。

妈妈形容我，爱说"随她爸"。哪儿随了爸。妈妈说，倔脾气，一条路走到底，不爱和人打交道（据说，老爸年轻时，走高冷路线）。好像是这么回事。遇上事儿，我脑袋里蹦出的第一个想法，要是老爸，会这样那样说，这样那样做，举这人那人的例子。

高中，晚自习回家，老妈忍不住提醒我，老爸又给你写信了。我就抱怨，怎么又写了，哎。我有些怕，怕老爸说的没法去遵守，去实现。刚收到信，很神奇，很肉麻，多老套的方式。久了，一封一封，成了老爸对我的期待，对我的指引，婉转的批评，热切的鼓舞，尽在其中。

和朋友们说起爸妈，总会说起那些连绵不断的信，她们羡慕的眼神，给了我饱饱的满足感。曾以为理所当然的事，原来，并不是每个人都能理所当然地拥有。重读老爸的信，我不敢看完，好像看完之后就会消失。

从没有告诉老爸，很多封信，看到最后，鼻子酸酸的，不知道老爸偷偷在里面加了什么煽情的话。很想写一封长长的回信，却一直找不到想要的开头，我也不知道要用多久才能酝酿好我想要的开头。

水要杯子去捧住，花要泥土去抱住，很多话，要一些铺垫。我一直找不到想要的铺垫，一直在心里，一直在心里，然后，挂在了晴朗的夜空里，安静的，一直在。

管　童

1. 选择

童童：

　　妈妈劝你，转到爸爸的班上。女儿，妈妈的劝说，你接受或不接受，你都应该明白，都应该体谅妈妈的一片好心。

　　每个孩子都希望有自己的一个空间，而不希望在爸爸妈妈的眼皮底下，这就是为什么没有单独房间的孩子，总热切地期盼有自己的房间。我13岁那年，特别盼望有一个属于自己的书桌，书桌一般都有抽屉，我希望有一个抽屉，可以锁自己的东西。

　　你选择留下，你有主见，不为妈妈的理由动摇。有主见，有自己生活、做事的原则，这一辈子有用。

　　我们经常会遇到选择。读初中，要选择；读高中，要选择；读大学，要选择；工作，要选择；男朋友，要选择。还有很多。叔叔，他选择留在人家的厂里干，还是自己买两台车床干？他选择了自己买车床干。辰辰，在北联幼儿园读，还是到中心幼儿园读？婶婶，在别人的厂里干，还是跟叔叔一起干？穿什么衣服，要选择；吃什么菜，要选择；去商场，买什么牌子的面巾纸，要选择；去书店，买什么书读，要选择。人啊，处处要选择。选择就是思考，就是判断。不会选择，没有自己的主心骨，一辈子只能做绕在树上的藤。

童童，一个选择会改变人生。叔叔选择在人家厂里干，和选择自己办厂子干，完全不一样，会发生很大的变化。将来，你选择文科，还是选择理科，你的一辈子也要发生重大的变化。

有个关于方向的选择的故事，我一直记得《南辕北辙》的故事：

从前有个人，从魏国到楚国去。楚国在魏国的南面，这个人不问青红皂白，让驾车人赶着马车向北走。

路上有人问他要去哪儿，他回答："去楚国！"路人告诉他："到楚国去应往南方走，你方向不对。"那人满不在乎："没关系，我的马快着呢！"路人替他着急，拉住他的马，说："方向错了，你的马再快，也到不了楚国呀！"那人说："不打紧，我带的路费多着呢！"路人极力劝阻："你的方向不对，路费多也只能白花呀！"那人不耐烦了："这有什么难的，我的车夫赶车的本领高着呢！"

路人无奈，松开了手。

爸爸这辈子的精力都放在教书、写书上，这是我的价值。我这辈子不会有几个钱。我的价值不在"钱"上，在"书"上。这样看教师的行当，还算选得不错。我想成为百万富翁，老想着造别墅、开宝马，做教师，那就错了，我得经商去，我得干赚钱的行当去。

有的人，想赚大把大把的钱，却和爸爸一样做着教师，他们的选择如《南辕北辙》里的魏国人，方向错了，会很无奈，很矛盾，很迷惘，很痛苦。现实中，有很多人方向选错了，读《南辕北辙》还大笑不已，说怎么有那么傻的人呢？

童童，选择是一门学问。怎么做选择？有三点供你以后参考：

第一点，选择时，要问自己，是否愿意。只有愿意，才有从心底里长出来的动力。

第二点，选择时，要问自己，是否进步。进步是衡量你的选择是否正确的有效检验。

第三点，选择时，要问自己，是否坚持。要愿意为自己的选择坚持，坚持就是胜利。

祝你新学期快乐、进步，坚持自己的梦想。

爸爸

2007年9月1日星期六

2. 计划

童童：

以 80 岁来算，人的一辈子 29220 天，整个时间的长河里，整个过去、现实和未来的长河里，多么短暂，多么渺小。近 30000 天，一大半用来吃、喝、拉、撒、睡。能用来学习，做自己想做的，不多。不多，才要珍惜。怎么珍惜？要有计划。

关于计划，以你现在的年龄，我期望你能多听听爸妈的建议。我和你妈都是老师，懂些教育。我们愿以爸爸、妈妈的角色，和亲爱的女儿谈计划。

晚上弹琴 20 分钟，日记 15 分钟，数学题 10 分钟，课外阅读 20 分钟。这就是计划。计划要落到每天的、一个个的行动上。希望童童能不间断地做，一个学期，一个学年，几年如一日，这些成了你的生活习惯，你就从普通中站起来了。上面的几件事，都有意义，值得做，弹琴是艺术，日记是表达，数学是逻辑，阅读是心灵，应该融入自己的生活，成为生活的一部分，而不是外加的、苦恼的。刚做，会有苦恼，有的孩子，要她刷牙、洗脸，烦，不肯。后来，习惯了，不刷不行，像你。

童童，没有计划，做事的速度慢、效率低。这，不只发生于你们小学生，也发生于大人。企业管理专家李艾米，拜访伯利恒钢铁公司的总裁查理·施瓦伯先生。李艾米表示，他跟公司的每位经理谈 15 分钟，就可以改善公司的效率，增加公司的销售额。施瓦伯问要花多少钱。

李艾米说："等有效果了，值多少你就给多少。"

施瓦伯同意了。

李艾米的谈话内容很简单，要求经理们每天下班前，将明天要做的6件事，写下来，并按重要性编号；第二天，按编号开始，完成一项划去一项；没完成的，列入下一天。每位经理执行三个月。

三个月后，查理·施瓦伯寄给李艾米30万元。

李艾米的秘密，即"有计划"：要做的事写出来，不忘记；重要的事先做。就这么简单，却值30万元。人活着，要休息，要娱乐，要发会儿呆，睡会儿觉，看会儿电视，玩会儿音乐，也要干好必须做的"六件事"。

上次你感叹，长生不老多好啊。人的身体无法永生，人的精神可以。曹雪芹、吴承恩、大仲马、小仲马、巴尔扎克、列夫·托尔斯泰、孔子、老子、舒曼、巴赫、贝多芬、李斯特、罗丹、达·芬奇、毕加索等，人的永生，精神的永生。怎么走向精神的永生，一要认准兴趣，二要坚持做，三要有计划。

爸爸刚挂水回来，工作到17点10分，再给你写信。17点46分，你妈打电话来，问怎么还不回家。我要写完信，这是计划里的事。我知道，制定了计划，没用，执行了计划，才有用。那些坚持计划的人，实现目标的成功概率为84%，中途改变计划的人，实现目标的成功概率只有16%。

明天开学。开学后，怕不能常给你写信。我也有我的计划，要一步步地做，一步步地完成。我期望我的女儿也一样。

爸爸
2007年9月2日

3. 尊师

童童：

　　早上，你无意中说，今天要累死了，跑上跑下，给老师送礼物。

　　今天教师节，给老师买了点小礼物，一小盒奶茶，传达学生对老师的敬意。你振振有词，老师教学生，都拿工资的。言下之意，学生、老师两不相欠，何必呢。心头不是滋味。我和你妈都是老师，老师的女儿都如此认为，那么其他人、其他学生呢？

　　女儿，我要告诉你，老师和学生之间，不是用工资可以算得清的。就像爸爸妈妈和孩子之间，不是用花花绿绿的钞票可以算得清的。爸爸妈妈把孩子抚养长大，不是给孩子点吃的、穿的，那就是抚养孩子。孩子的心灵需要爸爸妈妈的情感去滋润，没有爸爸妈妈的爱的滋润，孩子至多是身体的健康，心灵必定是残缺的，冷漠的，可怕的。几乎所有的犯罪分子，都是心灵残缺的人。女儿，真正的孝顺，不是给爸爸妈妈一点钱，一点养老金，不是。真正的孝顺还在于情感上让父母放心，开心，暖心，有了情感上的孝，才可以说是真在报父母的恩。

　　老师不是传授知识的机器，若是，世上早就不需要老师了，只要电脑、网络。任何先进的教学仪器都替代不了老师，人的情感需要情感的滋润，需要"人"的交流，离开人的情感的交流，教育将机械得可怕，冷漠得可怕，可怕得冷漠。一个老师传授知识的工作，或许可以用钱来算清；一个老师情感的付出，是无法用钱来算清的。感情，只能以情感来还。而以情感来还的那一条重要的途径，叫做"尊师"。

女儿，这世上，除了爸爸妈妈，除了爷爷奶奶，除了你的亲人，老师是你这一生最可以信赖、最值得尊重的人。不是老师有知识，而是每个老师都希望自己的学生，能够向着美好的未来前进。这一点，至少在你的中小学时代，毋庸置疑。也正因此，哪怕老师凶了点，哪怕作业多了点，你都应该理解，都不能因此记恨老师。为了你能弹一手琴，妈妈不也"凶"你了？你就此记恨妈妈？曹老师、孙老师、赵老师、汪老师、凌老师……对你的情感、对你的关爱，你要真心铭记。一个记住别人好的人，会成为一个有味道的人。对老师的感恩，最好的方式叫"尊重"，不管什么时候，什么地方，都亲切地喊一声"老师好"。

尊重老师，一个学生最起码、最必要的礼貌和素质。一个不能从心底里尊重老师的学生，不是一个合格的学生，哪怕考试 100 分。上学，要有好的成绩，好的成绩能让人上好的大学。但，上学不只是这些。上学，要学做一个善良的人，正直的人，懂礼仪，有同情心的人。尊重老师，其中之一。一个不尊重老师的人，他的心是不完整的。尊重老师，不只现在，也包括将来。将来你是中学生了，也要尊重老师；将来你是大学生了，也要尊重老师；将来你的学问比老师大了，也要尊重老师；将来你工作了，也要尊重老师；将来你成才了，也要尊重老师。我们以一生的尊重来对待老师，来还老师母亲般的情感。

傍晚，你讲了送奶茶给老师的事儿。送老师们小礼物的时候，你也收获了快乐。你的尊重给老师带来了快乐，自己也收获了快乐。尊重老师，一种快乐的情绪，美好的情绪，我们为什么要远离她？每一个远离她的人，在我看来，都犯傻了。

吃晚饭了，你躲在房间里，为爸爸妈妈做贺卡，我们很高兴，不只你的卡片漂亮，而是你有这份情感。

女儿，尊重老师和孝敬父母，都是重要的。

爸爸
2007 年 9 月 11 日

4. 时间

童童：

　　有一样东西，最长又最短，最伟大而又最渺小，最珍贵而又最被人忽略。是什么？猜不出，下一个：每个人都一样多，流水一般不复返，有人富裕有人穷，一切全凭自己念。还不清楚，再猜：有一家银行，每天给你1440分，只能今天用，用不完作废。

　　哈哈，对了，时间。

　　时间，每天24小时，每年365天。然而，具体到每一个人，时间是变的。有的人活了30年，有的人活了60年，有的人活了80年，有的人活了100年，有的人只活了10年。感谢上苍，我们都身体健康，可以无忧无虑地活下去，这实在不是一件小事。

　　女儿，时间从来不停下它的脚，从来不理会你的快乐或忧愁，滴答、滴答地往前走。然而，时间也没有你想象的那样可怕，那样不可征服。人，最聪明的动物，我们有办法。我们可以控制时间，拉长时间，延长时间。办法一，锻炼身体，身体棒，多活几年、几十年，时间就变多、变长了。办法二，合理安排每一天，就像合理使用作业本，同样一个本子，别人写完了，你还有。

　　这次，谈"办法二"。

书桌上，乱七八糟堆着很多本子、书、草稿纸，散落着蜡笔、铅笔。整理一下，书和书叠起来，本子与本子叠起来，文具放到文具盒里，文具盒放书的上面。散落的蜡笔收拢，放专门的袋子里；书堆、本子堆、文具盒、蜡笔盒，有序摆放，蜡笔袋最大，放下面，不常用的本子放中间，常用的书放上面，要看的书放枕边，小件放笔桶里，草稿纸该扔的扔，有用的码起来。东西还是那些东西，一整理，书桌整齐了，美观了，空出很多地儿来了。

整理时间，跟整理物品差不多。整理过后，时间还是那点时间，你却觉得，时间好像变多了。房间能整理、书桌能整理，时间怎么整理呀？和整理房间、整理书桌一个样，归类、打包。这归类、打包，有"大小"之分。"大"，一辈子要做成什么事，近几年要做成什么事，这一年要做成什么事，这一个学期要做成什么事，这一个月要做成什么事。"小"，这一天你要做什么事，这半天你要做什么事，放学前要做什么事，放学后要做什么事。有了安排和打算，尽快地做完、做好，时间就多出来了。

童童，"大"，指一辈子的长远打算。比如爸爸，打算写 10 本书。一年一年地写，一本一本地出。对你来说，还不能有很实际的长远打算，班会课上的理想，往往不着边际，背后没有强烈的、持久的行动，没有行动做支撑的打算，那是空话。你可以做"小"打算，每天要做的事，每天实实在在要做的事。

以一个星期为例，我们可以划分为两段，一段周一到周五，一段周六和周日。周一到周五，你要做哪些事呢？早上，10 分钟英语，10 分钟古诗；晚上，学校作业，弹 20 分钟的琴，21 点上床；睡前，10 分钟日记，20 分钟课外书。要做的事，理出来：早上，6 点 30 分起床，到 7 点 30 分上学，有一个小时，去掉 20 分钟的英语、古诗，40 分钟属于自己；40 分钟，够宽裕的了。晚上，日记、课外书放 21 点上床后，暂放一边。16 点 30 分放学，放学后，你在妈妈办公室做了半个多小时的作业，17 点 30 分回到家，你的作业速度不慢，再花半小时，回家作业全部解决。18 点吃饭到 21 点，中间有整整三个小时，其中，你只要弹 20 分钟的琴。假设 19 点弹琴，弹完后，你还有 1.5 小时的闲暇时间。你看，要做的事情归好类、打好包，也就是将你的时间归好了类、打好了包。一打包，一分析，是不是时间比平常多了？

平常为什么觉得时间少？为什么觉得没这么多的闲暇时间呢？——不懂得合理安排要做的事，合理地安排要做的事，就是合理地安排自己的时间。

有位家长说，儿子刚做一会儿作业，要去小便；又做了一会儿，肚子饿了，找吃的；又做了一会儿，听到什么响动，跑过来看；一看没什么，只好去做作业。又做了一会儿，给同学打个电话；打完了电话，发了一会儿呆，听到爸妈房间的电视声，冲过去看一小会儿……完成作业，呀，21 点了。他恼啊，恨啊，恼什么，作业；恨什么，作业。作业怎么这么多，作业怎么这么可恶。实际呢，定下心来，专心致志地做作业，完全可以在 19 点前完成，剩下的时间就可以自由支配了。一天下来，只要有属于自己支配的、休息的或娱乐的时间，就不觉得累，不觉得时间少、时间紧。那同学要在做作业前小好便、吃点东西，之后，专心致志地做作业，打电话、看电视什么的，那叫"三心二意"，最要不得。

那同学，一直在打断自己的作业思路。刚进入作业状态，又从状态里出来；回来，刚进入状态，又出来了。这样做作业，怎么会有效率？时间怎么不白白地一分又一分地溜走？溜走掉的，都是可以自由支配的时间。最叫人遗憾的，这些白白溜走的时间，他还不觉得，还老感觉这些时间也在作业里头的，只恨做作业真是苦，真是累。童童，要是他跑来跑去的时间，进入作业状态又走出状态的时间，能归类，放在一起，归类休息，是一段不短的时间呀。

周六周日，你要学奥数，写周记，练素描，弹钢琴，当然，还会有点回家作业。看起来，事儿够多。不要紧，我们来打包，归类，看能不能多整理出一些闲暇时间来。星期六上午，可以分成两个时间段。上半段，8:00－9:30，以你目前的学习状态和作业速度，可以完成双休日所有的书面作业。10:00 到 11:00，你可以完成周记。下午，弹 1 个小时的琴。整个下午到晚上，11:00 到 21:00，整整 10 个小时，你有 9 个小时的自由时间，不要太棒哦！

周日上午学了奥数，到下午 2:45 学素描，中间有 3 个多小时的自由支配时间。素描到 16:15，余下的，全归你，到 21:00，近 5 小时。童童，算一下，是不是有这么多？为什么有时候你不爽，说自由时间没这么多？——你拖欠着一些任务，比如周记，比如弹琴，你一直在拖欠的煎熬中：你在听音乐、看电视，由于拖欠着东西，心里总不放松，使得你的自由支配时间也不自由了。

奥数，你已经坚持了一年，爸妈不会让你半途而废。有几次，去学习前，你唠叨着"能不能不去"，这使得"去之前"的那段自由好时光，也灰暗了。原因是，你用消极的态度来对待学习，不只使学习本身不开心，还使你"学习前"的时间也不开心。这有点不公平，这不是你想做的事。但是女儿，你要接受，你也必须接受，我们都必须做很多自己不愿意做的事，而且，还要把这些不愿意做的事做好。妈妈不是一直说最好能换个工作？但她还只能在目前的工作上，并且，要做得勤勤恳恳，兢兢业业。

做作业的时候就专心致志地做作业，弹琴的时候就专心致志地弹琴，读英语的时候就专心致志地读英语，写日记的时候就专心致志地写日记，学奥数的时候就专心致志地学奥数，一块又一块的时间打成包、归成类，不要让那些杂七杂八的事情挤进来、拱进来，属于自己的自由支配的时间就能多起来。

也有的同学会说，我那么快完成作业、完成弹琴干吗，反正做完了，爸妈会有其他的事压上来的。这倒是个问题。我不知道其他孩子的父母是不是这样想的、做的。我保证我们不会。我和妈妈会同你心平气和地商量，商量你一天究竟该做些什么，周六周日究竟该做些什么，我们决不会占用你"整理时间"多出来的空闲时间。

这次，谈得多了，愿你能看完，看不大懂的地方，多读一两遍，会懂的。

爸爸
2007 年 9 月 19 日—20 日

5. 父母

童童：

　　作文要求对爸爸妈妈说出"我爱你们"，再看看爸爸妈妈有什么反应，写下来。

　　你没有当着我们的面说那四个字，你写了个纸条。这点像我，要是我，当面怕也说不出来，我也愿意用笔来表达，有一些情感用笔来传达更合适。你的信很简短：

爸爸妈妈：

　　我爱你们！

　　谢谢你们对我的养育！

　　你们的爱是天上的星星，照亮了我的人生道路；你们的爱是雨露甘霖，滋润我长大；你们的爱无私奉献，你们的爱宽容伟大……

　　我会用我的成绩、行动来报答你们的！

女儿
2007 年 10 月 5 日

　　读你的信，说实话，我没有几丝欣慰。你的字句冠冕堂皇，又空洞无物，喊出的是一句句"爱"的口号。口号不值钱，我期望看到从你心底里流出来的话，而不是笔在纸上蹭出来的口号；我期望从你的眼神里感受到你对爸妈的爱，从你的举手投足里感受到你对爸妈的爱，从你一点一滴的反应里感受到你对爸妈的爱。我还期望，能感受到你对爸妈的理解，理解爸妈的心，理解爸妈的苦、爸妈的焦虑，理解爸妈的欣慰、爸妈的期盼。

女儿，没错，爸妈对孩子的爱，真的就是天上的星星，爸妈对孩子的爱，真的就是雨露甘霖，爸妈对孩子的爱，真的是最无私的奉献，爸妈对孩子的爱，真的是最伟大的宽容……没有一个人会让我们如此的牵肠挂肚，没有一个人的喜怒哀乐，会跟我们如此的息息相关，没有一个人的成败得失，会如此地影响着我们的情绪和生活质量，只有你，女儿。

我们爱你，胜过世上任何金银财宝。

我们爱你，胜过世上任何名誉地位。

有人说，我用金矿换你们的女儿。从此，你们可以不工作，你们可以有一大群的佣人，你们可以周游世界，愿意的话，可以去宇航局申请，带你们去月球玩。

我们会坚决地、彻底地告诉他，那绝不可能！

有人说，我用周杰伦的名气、布什的地位，换你们的女儿。从此，所到之处全是鲜花和掌声，整个世界没有人不认识你们、不尊敬你们、不崇拜你们。

我们会坚决地、彻底地告诉他，那绝不可能！！

我们是如此的爱你。所以，我们会火辣辣地责备你，当你不能投入地弹琴，当你不能主动地听英语，当你不能安静地写作文。

我们是如此的爱你。所以，我们会生你的气，当你不体谅爸妈的时候，当你不知道爸妈的累，不懂得用自己的行为捍卫我们家的温暖和笑声、光荣和梦想的时候。

我们是如此的爱你。所以，我们会唠唠叨叨地提醒你，提醒你晚上睡觉前、早上起床后,动动胳膊甩甩腿,我们期望女儿学习上优秀,更期望女儿健康、健美,这阶段的你,身体锻炼、体形锻炼,非常重要。

正因为我们是如此地爱你啊,所以女儿,你会感到压力,爱的压力。因为——

爱是有重量的;

爱是可以拿到电子秤上去称的。

女儿,你对我们的唠叨、我们的生气、我们的批评,感到有压力、有愁绪,那么,我只能这样向你解释,爱是有重量的。你的压力有多重、你的愁绪有多重,你应该明白,爸妈对你的爱就有多重。女儿,请你体谅,一个爸爸、一个妈妈对女儿的爱,是那么全部的,全心全意的,无法无天的。

我在努力调整对你的爱的重量,妈妈也在努力调整对你的爱的重量,努力让我们的爱,不对你构成压力,不构成情绪,不构成伤害,这是我和妈妈最想做的事。我和妈妈都是第一次、也是唯一一次当你的爸爸、当你的妈妈,我们没有经验,我们肯定有做得不好、做错的地方,请你谅解。女儿,我们需要你的合作,我们需要心平气和,需要相互体谅,相互支持,做到这一点,我们的生活将多么愉快,我们的爱将多么甜蜜。

女儿,爸妈的爱,不只是太阳星星甘甜雨露,爸妈的爱是酸甜苦辣咸、五味俱全的。

世上,酸甜苦辣咸缺一不可。少了"苦",不行,中医的角度,苦补心,不能少;美食的角度,适度的苦,别有风味;人生的角度,谁的一辈子全是顺利,全是正确?爸妈对你的爱,有甜,有酸,也有辣、咸、苦。辣和苦,也是我们对你最真诚、最发自内心的爱,一个健康成长的人,不会是泡在爱的蜜酱里,那样,她真的会甜死掉的。

人,天生地对"苦"有排斥,要不,为什么小孩都知道吃甜的,而不是苦的?人,恰恰又离不开"苦"。爸妈有时给你一点"苦",那是一种"负责的爱"。我承认,我们有摩擦,有时摩擦还不小,为什么?我们是最亲近的人。你和老师、同学，不会有这样大的、这么密的摩擦。对最亲近的人，说的话、做的事，往往随心所欲，不计后果；对不太亲近的人，不会如此放肆。结果，我们往往在不经意中伤了自己最亲近、最亲密的人。这一点，我们要注意，你也要注意。将来你结婚了，成家了，离开我们了，更要注意。

女儿，你在信里说，要用学习成绩来报答我们对你的养育之恩。我想补说两个意思：

第一，我们更希望你用微笑、用快乐、用明媚的每一天，来报答我们，不只是成绩；

第二，"养育"一词，用得对。我们不只"养"你，更想"育"你，培育你，教育你，使你成为一个懂得爱的人，理解人，尊重人，有孝心——这不是我们的自私，有一天，你成为母亲，你也会和我们一样，期望自己的孩子是个孝顺的人。

我们爱你，永远爱你，女儿。

爸爸
2007 年 10 月 7 日

6. 节俭

童童：

　　暑假，你第一次离开爸妈，去澳大利亚，那么远，那么久，想爸爸，想妈妈，想回家，想哭，都正常。有一天，你一人在外，不太想爸爸、不太想妈妈了，不哭了，不忧伤了，你就独立了。

　　去澳洲，10天不够。出国一次，也不够。有机会，还要出去。学识、见识都要。学识靠读书，见识靠走动。在街头，在巷尾，在商场，在广场，在公路，在快餐厅，万千冷暖，真实社会。澳洲，你舍不得花20元买矿泉水，电话也只打了100多元。节俭永远是个好品质，浪费永远是个坏品质。这不是有钱、没钱的问题。一群中国人在德国餐厅消费，点了很多菜，好多都没有吃。吃饱了，吃不了了，起身正要走，来了一德国人，谴责他们："钱是你的，但资源是大家的。"

　　看到这个故事，同为中国人，我很汗颜。

　　在中国，每天有很多和你一般大小，或比你小一点、大一点的孩子，饿着肚子睡觉，第二天，半饿着肚子上学。在我们身边，每天餐馆上的浪费有多少啊。每天我们的食堂，又有多少浪费啊。每个学生的餐盘浪费二十分之一，1000个就餐的人，就浪费了50个人的食物。整个苏州50万个学生，就浪费了25000个人的食物啊。中国的资源有限，中国并非真正意义上的地大物博。中国是贫水国家，我们家的洗衣水总积着，冲马桶用，不是付不起水费，而是我们有节约的责任。我们每浪费一碗水，中国就有一个人一天都喝不上一杯水、一口水。汽油，终有一天会用完，只有节约，才能让"用完的一天"，来得晚些、再晚些，好给科学家多一点、再多一点的时间，研制出新的能源。

节俭是一种美德。我们要拥抱她。

然而，不要节俭过头。节俭过头，那叫吝啬。节俭是好的，吝啬是不好的。"他真吝啬""他是个吝啬鬼"，这话，充斥着鄙视、瞧不起。女儿，我们要节俭，不要吝啬。

节俭和吝啬，看起来很相似，都以"节省"的面目出现。怎么来判别呢？我的经验，对自己物质上的吝啬，叫节俭；对他人物质上的节俭，叫吝啬。换句话说，对自己比较抠门，节俭；对他人抠门，吝啬。父母教育孩子节俭，苛刻他的零花钱，那是另一回事。

雷锋的衣服补了又补，别人劝他买新的，他说，能穿呢。这是朴素，这是节俭，这是美德。战友家有困难，雷锋拿出积蓄，以战友的名义寄回。对别人，他一点也不节俭，一点也不吝啬。一个人节俭到朋友有难，都不肯伸手，那是吝啬，那是丑德。

女儿，节俭和大方，是一对反义词。反义词，可以和谐地处在同一个人的身上。口渴了，想起马上到家，手里的两块钱省了，你不花了，这是节约。与此同时，街上乞讨的，嘴唇干裂，你毫不犹豫地买了水给他，这是大方，这是善。

当然，对自己的吝啬，对自己的严格，也要有个度。今天穿衣服，也像雷锋那样补了又补，节俭就过头了。

爱你的爸爸
2007年10月8日

7. 作文

童童：

　　妈妈希望你到爸爸的班级，希望你的作文越写越好。爸爸没这么厉害。

　　我从小怕作文，语文一直不好，数学倒顶呱呱。天不遂人愿，毕业那年，生病了。数学老师要教两个班，语文老师教一个班。我以为教一个班比两个班省力，就选了语文。对以前的学生，我心怀歉意，一个不会写作文、不会教作文的人，做了他们的语文老师。现在，我会写点文章了，也出版了几本书。怎么回事呢？

　　那段日子，我在村小里教书，没电话，没电脑，没劲哪，写点日记吧。我在日记里说真话，说心里话。那个时候，我还订阅了一本杂志，叫《散文诗》，上面的句子很美妙，就有意模仿，也想写出几句来，就是你后来看到的——"夜，缝着日与日的空隙"的句子。我梦想着有一天，也能在上面发表。后来的后来，真的有一天，我的一篇文章在上面发表了，我忽然明白，我是能写文章的。

　　童童，我的写作故事里，有四点值得你注意：

　　（1）爸爸是在毕业后学会写作的。也就是说，写作可以自学。没有老师，只要你愿意写，想写好，想写出精彩的作文来，你就能写出来。

　　（2）我写自己的苦闷，写自己的烦恼和痛苦，我写的都是最想说的真心话。一个人写作文，大概都可以从自己的痛苦、烦恼和彷徨写起。

（3）写作起步于模仿。要善于借鉴别人写作中的长处，看到别人精彩的语句，不一定要背，却要想着，我也要写出美妙的句子来。模仿的前提，读别人的文章，不能只看文章的意思，还要琢磨，人家的意思是怎么写出来的。

（4）要想着发表。只有发表，你的作文才能被别人看到，别人才觉得你棒。写作文，你就要想着，我要去发表，我要写出具有发表水平的作文来。写作文，你不是在做作业，而是在梦想，梦想着发表，梦想着精彩，梦想着拿稿费，梦想着别人的羡慕。你要有了这样写作的梦想，作文准成。

写作就是用笔说话，用笔讲我们的故事、我们的心情、我们的观点和看法。人，可以不用笔讲，用嘴巴讲。用嘴巴讲，谁不会呢？不稀奇。用笔讲，掌握用笔讲话的技术、具有用笔讲话的水平，嘴巴之外，还可以用笔"讲"，比别人多了一个说话的工具和途径。用笔讲话，还是文明的象征，文化人的象征，水平的象征。你想呀，嘴巴，人人有，想说就能说，谁都能说，谁都能讲；用笔讲，那不是人人行的。不少人会用笔写字，不等于会用笔讲话；你会用笔讲话了，还得看你用笔说的话，有没有报纸、杂志、出版社愿意发表它，别的人愿意通过报纸、杂志、书看你用笔讲的话。用笔说话，要竞争，你比大多数的人"说"得"好"，"说"得"妙"，你才有资格。

童童，写作很有用，可以带给我们很多享受，物质上有稿费，很多专业作家的生活都很好，像你熟悉的杨红缨、JK罗琳等；还有很多不出名的，也没写什么书，只给报刊、网络写稿，生活也很好，自由又小资。不像老爸要按时上班，下班时间到了，也无法及时回家。写作，还能给我们一个精神世界，一个"非物质"的世界。很多人感觉空虚，物质生活越发达，他们越空虚，原因在于他们没有一个"非物质"的世界，一个精神的世界，就像古罗马的贵族，什么都有，钱，房子，奴隶，要什么有什么，可他们空虚，空虚得最好能立刻体面地战死。精神世界的建筑，阅读、绘画、音乐、舞蹈、收藏都行。而写作的成本最少，只要一张纸，一支笔就行了。这么小的成本，收获又那么多，惬意的生活，不错的收入，平和、美好的心灵世界等。

怎样来学好写作呢？今天和你谈第一点：要有勇气。

写作文要说真话。你的作文要有人读，有人看，有人气，你得说真话。谁愿意一天到晚看你说假话，谁愿意一天到晚被作者欺骗？说真话，要有勇气。鲁迅先生有勇气，为了说真话，用了100多个笔名，以防被迫害。

有几次，你总说，这个不能写；写了，谁谁看到了，怎么办呀？这说明，你还缺少一点说真话的勇气。当然，说真话的同时要保护自己，不被人攻击、伤害，也要考虑，上次，你写"里莉"，借某个虚拟的"人"来写，这就很好。

人生也需要勇气。所以，写作实际上就是人生。

爸爸

2007 年 11 月 12 日

8. 心态

女儿：

一直想和你谈谈这个话题。

爸爸大病过。当年医生同情地问奶奶，"大妈，你家里有几个儿子啊"。我的确吃了不结实的亏。常有朋友关心我，你经常写东西，经常熬夜，注意身体啊。你知道的，爸爸从不熬夜。我熬不起。大病前，我的身体倍儿棒，不信，你问奶奶。你这个年纪，我已是个小大人了，干不轻的活了。12岁，爷爷和奶奶制瓦坯，每次去卖瓦，我搬的瓦，跟大人一样多。

多年后接触中医，我才明白，我的病不是病菌，而是感情受挫，心情郁闷，闷出来的。

身体健康或不健康，与心情大有关系。平和，欢喜，安静，淡定，能将身体引向健康的大道；相反，不满，生气，烦躁，压抑，愤懑，能将身体引向疾病的深渊。

科学研究证实，一个人发10分钟的火，体内产生的毒素能毒死一只老鼠。可惜，科学还没有办法，拿出急躁、愤怒、生气、不满所制造的毒素，去毒死老鼠。人最终用这些毒素，毒害的是自己。除非跟师爷爷、菊荣老伯伯那样，去修行，修行的最终目的是为了有一颗平常心、欢喜心、善良心。所以，女儿，爸爸和你谈健康，首先谈心态、平和的心态，一颗平常心，一颗欢喜心，一颗善心，一颗孝心，像师爷爷、菊荣老伯伯那样。

早年，师爷爷脾气暴躁，曾经拿斧子跟人拼命。10多年前，我也好几次看到师爷爷发脾气的可怕样子。现在，你看到一个和气的师爷爷，平和的师爷爷。这不只年龄的问题，师爷爷的年龄也并不大，才43。太爷爷，80多岁了，发起脾气来，照样摔碗。平和的心态，平静的生活，欢喜心，平常心，可以练出来的，也是必须要练的。这个世界，物质越来越丰富，也就越来越需要我们练就一颗平和心、平常心。我们不可能随心所欲地要这、要那，生活中到处充满了比较、竞争，到处充满了失落、失意，人人如此。富人的苦恼不见得比穷人少，穷人的快乐也不见得比富人少。

著名诗人雷抒雁的《星星》中，有这么几句——

仰望星空的人
总以为星星就是宝石
晶莹，透亮，没有纤瑕
飞上星星的人知道
那儿有灰尘、石渣
和地球上一样复杂

我这样理解它，没钱的人总以为有钱的人生活多么美好，多么快乐；有钱后才发现，生活还是那么烦恼、苦恼，有种种的气要生，火要发。

我这样理解它，没得到荣誉的人总希望着得到荣誉，以为得到荣誉后的生活会多么快乐，多么幸福；得到荣誉后才发现，生活还是那么烦恼、苦恼，种种的气要生，火要发。

女儿，不管你考上或没考上大学，考上普通大学或重点大学，将来有钱或没钱，有名或没名，生活总会给你种种的不愉快。面对它，万物之灵的我们，难道就一点办法也没有吗？

有。修炼自己的心态。心态,要从一点一滴的小事练起。做什么事,都"不积跬步,无以至千里"。昨晚,你埋怨老师的凶,老师的作业多,老师似乎踢了某同学一脚。我信。但我认为,你不该有这么大的怨恨,你的怨恨几乎持续了一个晚上(这段时间,你常有这样的情绪)。为什么?你的心态不平静、不平和;心态为什么不平静、不平和?你的眼睛盯着丑的、陋的、不美的,你忽略了美的一面。老师有生气的一面,老师也有微笑的一面;老师有惩罚学生的一面,老师也有关心学生的一面。遗憾,你的眼睛盯在了丑陋的一面,忽略了美的一面。忘记看美的风景,经常盯着垃圾桶,你的心情自然不好。盯着"垃圾桶",还一天到晚谈"垃圾桶",心情自然糟,这会影响人的健康。今天、明天、后天,你没什么感觉,然而心情所制造的毒素,一直在你体内。

  你爱跟妈妈拌嘴。似乎世上对你最不好的人,便是你的妈。妈妈要你弹琴,妈妈要你背古诗,妈妈要你读课外书,妈妈要你做家务,妈妈要你叠衣服。姑且不说,妈妈的要求是对的,就算在你眼里,这些要求有问题,我也希望你不要把眼睛"盯"在这些导致你坏情绪的"垃圾"上。你要知道,世上没有一个人对你的爱会胜过妈妈——包括我。小的时候,你生病住院,要挂水,针要挑在你的额头上,你妈哭了。针挑在妈妈身上,她不会哭,挑在你身上,她哭了;你长身体的时候,妈妈一直想着炖骨头汤;为了你的咽喉炎,妈妈又动了多少心思啊;去澳大利亚,你的新手机,妈妈再三要求买,她不放心你啊……每天的衣食住行,只要愿意,你都可以看到妈妈的那颗慈母心。

  可,你没去看美丽的风景。你盯错了地方,忘了世上的美。

  忘了妈妈的美。

  只要你也只有你,将眼睛盯在美好的事物,丑陋的事物就会尽快地从心房里扫除,你的心房就会畅亮起来,你的心情就会快乐起来,你的气色就会红润起来,你的身心就会轻盈起来。这个时候,哪怕阴雨天,你的心头照样有蓝天和白云。

平和的心态，原本就该是我们的生活啊。在竞争的社会里，我们正一点一滴地流失掉这本该有的生活。也正因为此，我们要注意修炼那颗平常心、美丽心。

考试，学习，生活，种种的不如意，都是"练"的好时机，如此一来，挫折和困难、失败和耻辱，都会转变为我们的宝。

过不了多久，你会学到《轮椅上的霍金》。霍金，伟大的科学家，年轻时患上了肌肉萎缩症，整个身体被禁锢在轮椅上，只有几根手指能动。就是这个遭受着残酷命运的霍金，记者问他是否命运让他失去太多的时候，他用还能活动的几根手指，艰难地敲击键盘，合成以下的话语：

我的手指还能活动，
我的大脑还能思维；
我有终生追求的理想，
有爱我和我爱的亲人和朋友；
对了，我还有一颗感恩的心……

霍金的回答，饱含了对苦难人生的平静与平和；没有平静、平和的心态，霍金也不可能在"只能活半年"的预言下，活到了今天。学这篇课文，你从这个角度，想一想。

信不短了，且打住。

爱你的爸爸
2007年12月5日

9. 锻炼

童童：

上次讲到让时间变长的方法，整理时间，这回谈另一个让时间变长的方法：锻炼。

锻炼身体，身体健康，处于好的状态，时间就拉长了。生病了，或处于亚健康状态，人的时间明显比别人少。很多人都认为，我晚上写文章，好意劝我，注意早点休息。呵呵，我睡得很早，你最清楚啦。晚上9点上床，9点半睡觉。朋友们不信。每个晚上，我都要睡9小时，天哪，我这年龄的人，大都只睡7小时。每天，我都比他们少了2小时。

早上和晚上，我会跳跳蹦蹦，俯卧撑，弯弯腰，踢踢腿什么的。我也总喊你一起锻炼锻炼，你不当回事，我很委屈。我吃了身体的亏，希望女儿不吃它的亏。聪明人往往不等自己"吃一堑"，才"长一智"，而从别人的"吃一堑"中，"长"自己的"智"。

生活越来越现代化，越来越依赖设施，运动越来越少。有了汽车，连走路都很少。多年前，那时你还没出世呢，看到一篇文章，说美国人骑自行车锻炼身体。我大为奇怪，我天天骑自行车，怎么不觉得呀？等我们家也有了汽车，才明白骑自行车真是个运动的活儿。公路是平坦的，没有沟、没有渠，很少跳跃。我小的时候，走在田野里，这里一沟，那里一渠，要蹦啊，跳呀，小伙伴还比赛，看谁能蹦过去，看谁能一个脚蹦过去。

生命在于运动。运动中，调节机能，更有活力。我上网查了，摘了点，给你看：

（1）坚持体育锻炼，对骨骼、肌肉、关节和韧带，都会产生良好的影响，经常运动可以使肌肉保持正常的张力，促进骨骼中钙的储存，使关节保持较好的灵活性，韧带保持较好的弹性。锻炼还可以增强运动系统的准确性和协调性，保持手脚的灵便，使人可以轻松自如，有条不紊地完成各种复杂的动作。

（2）适当的运动是心脏健康的必由之路。有规律的运动锻炼，可以减慢静止时或锻炼时的心率，这就大大减少了心脏的工作时间，减轻心脏的工作量使心脏病的危险率减少。

（3）做一些伸展扩胸运动，可以使呼吸肌力量加强，胸廓扩大，有利于肺组织的生长发育和肺的扩张，肺活量增加。经常做深呼吸，能增长肺活量，一般人运动时的肺通气量，能增加到60升/分钟左右，有体育锻炼习惯的人，运动时的肺通气量可达100升/分钟以上。

（4）经常参加体育锻炼，反应更快，更准确。缺乏必要的体育活动，大脑皮层的调节能力将下降，造成平衡失调，甚至引起某些疾病。

（5）体育锻炼能加快人的能量消耗，饭量增多，消化功能增强。

你看，体育锻炼多么重要。健康是"1"，成绩，能力，财富，名气，美貌，都是后面的"0"。没有"1"，后面的"0"，一点用也没有。有了"1"，后面多一个"0"，就增了10倍。在美国，"科学"和"体育"两门学科最重要。由于应试教育的疯狂侵袭，我们的体育课到了可有可无的地步。正因如此，我们自己才更要注意锻炼。身体好了，精神头足了，干起活来效率高了，时间不是变长了吗？身体好了，生命中的有效时间就多了，同样活80岁，一个人活得健健康康，一个人活得病恹恹的，哪个生命的时间长？

童童，IQ指人的智商，EQ指人的情商。一个人的智商主要取决于先天，情商主要在后天培养。越来越多的研究表明，一个人幸福与否，成功与否，主要取决于情商，而不是智商。体育运动跟人的情商，也有着密切的关联——

1. 体育运动要消耗大量体力，肢体酸痛、体力疲劳面前，要坚持下来，能吃苦，能耐劳。

2. 打球之类的体育运动，时刻要判断并作出反应，培养人的果断能力、应激能力。

3. 绝大多数的体育运动爱好者，都比较开朗，比较阳光。体育锻炼，能辅助治疗"孤独怪僻""腼腆胆怯""优柔寡断""缺乏信心""遇事紧张"呢。

4. 运动能发泄情绪。运动中，一些不满、抑郁会随着汗水一起飞出来。谁愿意和一个情绪不好的人一起做事、学习呢？好情绪，自会有好人缘。

5. 对我们来讲，运动不在于提高竞技，也不完全在于提高免疫力。运动，能使人从昏昏欲睡中跑起来，使人精神振奋，飞扬起来。有的时候，陪你下楼锻炼，下去的时候，我很困，想睡觉，一锻炼，精神头出来了。精神一好，情绪一好，做起事来，心情就好，态度就好，效率就好。

童童，我好期望你有一项自己喜欢的运动技能，打羽毛球，打乒乓球，跳健身操，游泳……像哥哥，很喜欢打篮球。我读书的时候，喜欢打乒乓球，球打得不怎么样，就喜欢，常汗流浃背。直到现在，你没有一样喜欢的运动，这是你的遗憾，我的心病。

今天早上，妈妈又和你比身高，嘿，你和妈妈一样高了。妈妈兴奋得不得了，又叫我拿了尺，再量，真的一样高了。妈妈更高兴了。妈妈担心你的身高，谁叫你是个不爱运动的孩子呢。现在的你，最佳的运动期、锻炼期，以运动来改善体质，以运动来增长身高，错过了"最佳期"，以后没有可挽回的机会了。

晚上，我们要你下楼跳绳，理由是，中考要考。背后还藏着一个理由，跳绳也算向上的运动，有利于你长高。我们了解到，一个人的身高，后天的饮食和运动所起的作用不小，后天调养得当或不当，对身高的影响有正负 4 厘米。饮食上，妈妈很注意，运动上，你总虎头蛇尾。可能跟妈妈不爱运动有关。妈妈也想每天去公园跑步，当初买房子，妈妈一定要买在公园边，她的一大重要理由，可以去公园晨练。然而，每天早上 6 点不到，妈妈起床煮饭，叫育新哥哥起床，吃饭，送哥哥去学校。之后，去菜场买菜。晚上呢，妈妈常带作业回家批。妈妈没有时间和精力来运动啊。

晨练，妈妈的那个美好心愿，看来要等哥哥和你读大学，才能实现了。

爸爸

2008 年 1 月 15 日

10. 对手

童童：

今年，奥运会在北京召开。没有奥运会，各项运动有那么高的纪录吗？我的答案：不会。奥运会，云集全世界的顶级高手，高手和高手间的竞争，激活了运动员的潜能，刷新了一个又一个纪录。

要创造传奇，就要有强大的对手。没有强大的对手，不大会有自我的突破。

学习也如此。学习中，有人比你成绩好、表现优、考分高，很正常。正常，并不是说就此心安理得，你好你的，跟我没关系。可以视他们为学习上的对手，有目标地、一步一步地赶超。要有一颗赶超的心，要有一股不服输的气。人有精、气、神，才有奔头。

班级中，我们可以找到朋友，也可以找到对手。有朋友的集体，是温暖的；有对手的集体，是刺激的。一个完整的生活，要有朋友，也要有对手。赶超对手，要学习对手的优点。对手在某方面比你优秀，定有他的优点，学习习惯上？学习方法上？学习热情上？阅读的书比你多？听课比你认真、发言比你踊跃？字迹比你端正、笔记比你细致？预习、复习比你主动？学习效率比你高？为什么学习效率比你高？这样想，这样去观察，这样去学习，你会更棒，更精彩。你还可以向对手请教。他数学好，文字题不会错，请教；

他阅读题好，很少扣分，请教。请教，给你一颗谦和的心，你和对手或因此而迸发友谊呢。

是的，你和对手可以产生深厚的友谊。

中国的乒乓球，世界顶尖。瑞典乒乓名将瓦尔德内尔，中国选手最大的对手。中国人民却很尊敬、很喜欢瓦尔德内尔。瓦尔德内尔也很喜欢中国，他还在中国开了"维京锐点"餐吧呢。开业那天，老对手刘国梁和王涛等人，纷纷前来道贺。多年的老对手，成为了多年的好朋友。

《草房子》里的桑桑和杜小康，同在油麻地小学，时常暗自较量。杜小康离开了油麻地小学，桑桑才明白，杜小康才是他最好的朋友。——最好的对手，才配做你最好的朋友。

真朋友在一起，不只为了聊天，不只为了度过无聊的时光，不只为了笑一笑，还要能彼此鼓励，彼此进步。真正的朋友，彼此之间的"竞争"，转化为了彼此的欣赏、彼此的鼓励。拥有这样的对手、这样的朋友，我们的一大幸福。这样的对手面前，这样的竞争面前，最后的结果，大家都进步，大家都开心，双赢。

现在，学习上面临竞争，以后，工作上面临竞争。竞争无处不在。童童，不要害怕竞争，也不要害怕对手，面对竞争的勇气不是天生的，而是在面对中练出来的。有的人面对竞争唉声叹气，有的人面对竞争跃跃欲试。同样的"面对"，两种完全不同的感受，生活中常有的现象。

女儿，拥有了上进的心，面对竞争，就不会唉声叹气，不会觉得痛苦，"痛苦"转化为进步的动力，进步的机会。上进心发挥到极致的，要算英国的撒切尔夫人了——

20世纪30年代的英国，不知名的小镇上，有个小姑娘玛格丽特。父亲对她很严格，常跟她说，做什么事，都要力争一流，永远做在别人前面，坐公共汽车，也要坐第一排。父亲从不允许她说"我不能""太难了"之类的话。父亲的"残酷"教育，培养了玛格丽特积极向上的决心和信心。以后的学习、生活和工作中，她时时牢记父亲的教导，尽自己最大努力克服困难，事事争一流。上大学，要求上 5 年的拉丁文课程，玛格丽特一年内全学完了。不光学业上出类拔萃，体育、音乐、演讲等活动，玛格丽特也都走在前列。40 年后，英国乃至整个欧洲政坛上出现了一颗耀眼的明星，英国第一位女首相、雄踞政坛长达 11 年之久、被世界政坛誉为"铁娘子"的玛格丽特·撒切尔夫人。

这个故事叫《永远争坐第一排》。做事，态度决定高度。这个世界上，想坐第一排的人很多，真正能够坐在"第一排"的人很少。许多人不能坐到"第一排"，是他们把"争坐第一排"当成一种人生理想，而没有采取具体行动。

小时候的撒切尔夫人，面对父亲残酷的、事事争一流的要求，会怎样想？——肯定有想不通，有逆反心，但她熬下来了，"不断向上""争坐第一"，终成她的人生习惯。运动员一生都在比赛，比赛自有乐趣，兴奋，幸福。童童，竞争没想你想的那样残酷，竞争中自有乐趣。

我们无法逃避竞争，一如我们无法逃避呼吸。躲到寺庙里去做和尚，也有竞争。你们学了《生命的林子》：玄奘想离开名僧众多的法门寺，前往偏僻小寺修行，后经方丈点化，明白了法门寺名僧多，是对手，也是动力。

怎样对待竞争？往往童年就打下底子了。这个底子没打好，长大了，怕这怕那，结果，淹没在"怕"的海洋里，这辈子既没有做出什么成绩来，又因时时怕、事事怕，也没有享受到幸福的滋味。

不用怕竞争，你的背后永远有支持你的爸爸和妈妈。

爸爸

2008 年 3 月 2 日

11. 细致

童童：

　　期中考试，我们班有 20 位学生，90 分以上，很不错。为什么？细致，不该错的题，都没错。20 位学生在 90 分以下，为什么？马虎，不该错的题，错了。如，要求填"心境与梦境"，写成"梦境与心境"、"心境与梦"；用"地道"造句，写"我是个地道的绍兴"，缺了一个"人"而不知；给加点的字注音，写成给加点的字解释……马虎，似乎不是什么问题，那些学生表面上虚心接受老师的教育，心里并不当回事，有什么呀，我心里清楚不就行了？我只不过图快，没注意罢了。

　　这样的想法恐怕很普遍。这样的想法实实在在是个错。一学生，课外练习书法，认真写，字不错。但他很少认真写，作业总潦潦草草。他说，考试自然会认真地、一笔一画地写。考试了，起初，他果真一笔一画，到后头又潦草起来。倒不是他"不想"认真，而是他"不能"——以往的不细致、马虎、潦草的习惯，左右着他，他不由自主地潦草起来。

　　马虎的学生，字迹潦草的学生，学习上没有一个出类拔萃的。学习优秀的学生都很细致，字迹清楚，读题细致，解题细致，检查细致。讲到检查，我想到一次单元测试，批改后，发下练习卷，一学生拿着问我："老师，这有什么错？"我一看，"寂静"旁边的括号里写了"安静"，两个是近义词，字都正确，有什么错？再一看，题目要求写"反义词"。我问他检查了吗，他说检查了字有没有错。题目要求没查，这样的检查，就是不细致的检查。看拼音写词语，有学生写"毫不惧怕"，四个字，怎么看，都正确，一字不错，一个笔画不错，却得了个大红叉叉。一看拼音，是"毫不犹豫"。他检查了半天，没有检查题目的要求。

　　细致，好成绩的第一保障。背课文，老老实实地背，一字不差地背；写日记，老老实实地写，认认真真地写；整理书包，有条不紊地整和理。这样对待学习上的事，怎么可能不优秀呢？相反的，读课文马马虎虎，背课文马马虎虎，写日记马马虎虎，写作业马马虎虎，这样对待学习，怎么可能会优秀呢？

　　读书要细致，一个字、一个词也不放过，一句描写也不放过，一个情节也不放过；思考要细致，不浅尝辄止，不图个大概，寻根问底，不放过疑惑与疏漏；写字要细致，每一笔都到位，每一笔都工整，每一个字都力求写好，再求写快……童童，或许你会说，这样的细致，多累，多烦恼。不，不，不是的。细致的学习恰恰是轻松的，愉快的。细致并不表示要多花时间，细致只是一种习惯，马虎也只是一种习惯。同样多的作业，细致的人花的时间，不比马虎的人多。相反，到最后，细致的人花的时间，总比马虎的人少。马虎的人在写作业上花的时间，或许少了些，然而马虎的人在订正上的花的时间，必然多。订正的时间算进去，那就亏大了。细致的人，一次成功的机会多，总体花的时间少了，获得他人赞赏和表扬的机会，却比马虎的人多得多。

　　有的学生成绩好，有的学生成绩差，细致，"好"与"不好"背后的重要的词。学习细致的人，必安静，必投入，必认真，必优秀。近年来的高考，女生越来越"巾帼不让须眉"，为啥？女孩子比男孩细致。作为女孩，我希望童童能把自己的优势——细致，发挥出来，发扬下去。细致一旦成为你的习惯，你做事的态度，它对你当下的学习和未来的工作，都会有莫大的好处。细致成习惯的人，会把"门窗关好再出门""煤气阀关好再睡觉"之类的小事做好。不细致的人，到了床上才想到，哎呀，门窗关了吗？煤气阀关了吗？

想来想去不放心，只好起来看看。马虎的人，睡到床上也想不起来，出了事，悔之晚矣。

商界有句名言："把简单的事情做好就是不简单，把容易的事情做好就是不容易。"简单的事情，要"做好"，而不是"做了（念 liao）"，必要在细节上下力气，才能"做好"；容易的事要"做好"，必要在细节上下力气，才能"做好"。肯德基开到中国，生意很好。肯德基配料多少，绝不随便抓一把，有着严格的计量标准，每一次都一个样，10 次如此，100 次如此，1000 次如此，10000 次如此，100000 次如此……一直如此，永远如此，了不起。肯德基，每一个食品加工，都有一道道的工序，只要有一道工序出了问题，牌子就会倒。

童童，有一天，你做了企业的管理者，一定用得上"细致"，细致的管理和经营。你若是一名员工，也一定用得上"细致"，细致地完成每一件小事，就会获得机会，至少，不会被老板炒鱿鱼。

有人说，细致的人太谨慎，缺少大家的风范，缺少伟人的洒脱，难免婆婆妈妈，有道理的。然而世上，伟人毕竟少，像我，不可能成为那少数。我只希望成为绝大多数里做得比较好的一员。细致能帮我成为受绝大多数人欢迎的人，一个做事细致、让人放心的人，一个可以很好地生存、生活。认为"细致"导致婆婆妈妈的，10 万个人中，可会有 1 人，成为大家但其他的 99999 人，不只成不了大家，自己那个小家，也照顾不了呢。

细致，学习的一个优秀品质。

细致，生活的一个优秀品质。

细致，工作的一个优秀品质。

祝愿童童拥有细致！

老爸

2008 年 3 月 29 日

12. 主动

童童：

　　正在紧张的期末复习中吧。我们班也是，大家都在用行动，印证"主动复习"的快乐。

　　"主动复习"的反面是"被动复习"。被动复习，自己不知道要复习什么，也懒得去想、去问，复习，要等老师、家长布置；复习了，心不甘、情不愿，自己不开心，老师、家长也不开心，大家都不开心。主动复习，刚好相反，静下心来，从自己的情况出发，优势在哪里，劣势在哪里，懂得，少一点力气；不懂得，多花点；常出错的，多花点时间，不太出错的，少花点。谁最了解你？你自己啊。

　　主动复习，最高效的复习。主动复习，最快乐的复习。童童，每次你主动去弹琴，情绪比妈妈喊你去弹，来得好。妈妈呢，见你主动弹，也开心，你俩开心，我也开心，一家人开心。相反，被动地弹，你不开心，脸拉长，妈妈不开心，天天顾着你，忙你的吃，忙你的穿，你还给脸色看。你俩不开心，我也不开心，一家人不开心，没劲。

　　或许你会说，大家都不开心，那不要让我弹了。童童，我一直讲，人活在世上，有一些事，不管你愿不愿意，都必须做。像，现在的学习，以后的工作。你未必能找到一辈子喜欢的工作（当然，我真诚地祝愿你将来能找到一辈子喜欢的工作，那实在是大幸福），但你必须工作，认真地工作。

"主动"是天使，"被动"是恶魔。万物之灵的我们，完全有能力控制"被动"这个恶魔，不让这个恶魔控制我们。每一个快乐的人、幸福的人、成功的人，都善于控制恶魔"被动"，迎来天使"主动"。迎来了"主动"，你本身就成为父母眼里的天使、老师眼里的天使、同学眼里的天使，将来，你工作了，会成为领导眼里的天使、同事眼里的天使。

期末复习，作业会比以往多，压力会比以往大，只要你主动去做，你就能从中获得快乐。我们班有很多同学在主动复习中，感受到了快乐。

你认识的吴新伊，老师没布置默写词语，她主动请妈妈默写词语。日记里她写："当时，妈妈很惊讶，声音马上温柔下来，温柔得吓死人：'这才是我的好女儿。'"吴新伊主动了，妈妈开心，她也开心，一家人都开心。

你认识的李静贤，她主动复习起自己的弱项——改写句型，复习了背诵课文。空调里懒洋洋的，容易发昏，她打开窗，冷风吹过来，头脑清醒了，集中全部精力，整本书要求背的内容，都复习了一遍。她说，心中充满了自豪感，战胜了懒惰的自己、不勤奋的自己，她鼓舞，她欢乐。

你认识的朱心宜，日记里写："又是辛苦的一天，又是充实的一天。最近，我复习到不少知识，不是在学校，而是18点到21点——那段属于我的自主复习的时间。"——童童，老师的复习，往往属于保底线，要向高分冲刺，就要在自主的时间里发展。18点到21点，朱心宜的自主时间，交替着复习，一天主攻英语，一天主攻数学，一天主攻语文，"复习态度决定学习成绩"，她说得好，也做得好。

你不认识的戴岑容说，自主复习，得知了自主的甜，比被别人压着好多了。

你不认识的陈一言说，没有为复习而不高兴，只有打败"被动"这个恶魔的快乐。

你以前的同学徐泽辰，以往复习，会玩些什么，吃点什么，这次，"我居然一做好作业，就看妈妈从网上打印下来的资料，看得入迷了，一看半小时"。我想，他妈妈看到了，肯定开心，俩人一起开心。爸爸、妈妈见了你的主动和勤奋，即便考砸了，绝大多数的情况下，也不会太计较。家长们最恼火的、最计较的是，平时吊儿郎当的，考试又没考好。

你认识的戴天仪，写完回家作业，自己找试卷做，说："写完一张试卷，我的脸庞上挂着45度的标准微笑，哼起了校歌，又唱起了《音符》，心情好得要赶上被清华大学、牛津大学、剑桥大学和哈佛大学同时录取！"她主动复习，打败"被动"，心情多么好。以这样的心态来复习、作业、考试，没什么痛苦。好心态、好心情下，人的潜能也容易激发。

枯燥的复习，"主动"起来，苦，发酵成了"甜"。

童童，我们去菜场买鱼，鱼市场散发出难闻的腥膻。谁想在此工作一天又一天？为生计，又必须。这里的人，从早到晚，死气沉沉，少有笑容，多有抱怨。然而，美国的西雅图有个鱼市，不管卖鱼的，还是买鱼的，都在快乐和享受中。

和其他地方的鱼市场一样，这里也散发着的难闻的腥膻。然而，卖鱼人个个面带笑容，一个人拿着一条冰冻鱼，棒球般地，打着招呼，扔向对面。大家都一样，到处是飘来飘去的冻鱼，大家一边扔，一边和唱："10条鲤鱼飞到华盛顿，嘿、嘿。""快来看哟，嘿、嘿，8只大蟹飞到纽约了。"节拍和谐，节奏明快，空气中弥漫着浓浓的人情味，置身其中，想不快乐都不成。

这个变化，源于新来的鱼贩子。他见大家整天板着面孔，鼓动道："为何不转换一下思维呢？与其天天在抱怨堆里，不如把卖鱼不再当作是卖鱼，而当做一种艺术来享受。"果然，一个小小思维的改变，改变了大家的生活。同是卖鱼，同是这群人，生活质量发生了翻天覆地的变化，原因很简单，从抱怨的、被动的生活中跳出来，以主动的、积极的心态去迎接。

童童，期末的作业量加大，压力增大，这没有办法改变，未来的很长一段时间里，也没办法改变。我们能做的，像西雅图鱼市上的人，改变自己的思维：从"被动"，走向"主动"。

童童，美妙的事儿还在后头。

西雅图鱼市里的情绪好起来了，也感染了买鱼的人，他们都愿意来这里买鱼，谁愿意到充满抱怨声的鱼市里去呢？有人还买了好酒好菜，和鱼贩子在鱼市里一起用餐，他们愿意自己搭上时间和钞票，来图个好心情。

有一个老板专门跑来问鱼贩子："你们整天泡在充斥鱼腥味的环境里，工作又这样辛苦，为什么还如此快乐呢？"鱼贩子说："每个角落都隐藏着无数个快乐，我们要做的，就是把隐藏的快乐拉出来，一起和我们晒太阳。"

那鱼贩子简直是哲学家。

我们有房，有车，不担心吃，不担忧住，身体也健康，能听美好的音乐，能看美好的风景，闻到肯德基的香味，能勾出馋虫来。无数快乐隐藏着，只是没有发觉。我们总不断地放大痛苦、放大迷惑、放大烦恼，那么多的快乐就缩小了，掩盖了。复习也好，考试也好，里面也有快乐，也有温馨。现在我至少能宣布，只要你主动，你就能从复习中发掘出快乐来、暖意来。

看了会儿电视，主动关了，修改起作文；听着音乐，主动拿起一本书，边听边看；主动弹琴，主动看复习资料，主动补弱项，主动对妈妈说：给我出几道数学题……童童，你会发现，复习时的生活，也是充满了幸福的。

幸福和快乐，一直躲藏在善于发现她的人的心里啊。

爸爸

2008年4月25日

13. 孝

童童：

　　这几天，家里阳光灿烂，不是中了奖。好心情是你挣来的，你主动弹琴，主动收衣服，主动微笑着与我们交流，没了以往的火气，柔和了，温暖了。你的改变与付出，妈妈看到了，笑容多了，天空亮了。你妈私下说，女儿天天如此，她再苦、再累也开心。

　　"今之孝者，是谓能养。至于犬马，皆能有养。不敬，何以别乎"，《论语》里的话，意思是，现在所谓的孝子，只是供养父母而已。然而狗马都能得到饲养啊，对父母不尊敬，那供养父母，跟饲养狗马有什么区别？——言外之意，只给父母吃饱，不是孝，就像喂饱狗、马，不能说孝顺狗、马吧。

　　怎样才是真正的孝呢？

　　"孝有三，大孝尊亲，其次弗辱，其卜能养"，《春秋》里的话，意思是，孝有三个等级，第一等的孝，尊重父母；第二等的孝，不给父母带来耻辱；第三等的孝，能养活父母。

　　女儿，现在你还小，没有工作，谈不上养活父母；将来你长大了，有工作了，也不用你养我们。我和你妈有稳定的工作，有退休工资，有医疗保险。对你来说，怎样算孝呢？上面的话里，有答案——

　　（1）"弗辱"。这一点，你很不错。从幼儿园到小学六年级，从没有老师、同学来告你的状，因此，爸爸才能专心思考和写作，才能在繁忙的工作之余，写文章，出书。

（2）"尊亲"。这几天，妈妈心情好，你顺着她，尊重她，合着妈妈的心意，她怎么不开心？

五年级，你们学过《少年王冕》，王冕很孝——

（1）母亲说没钱供王冕读书，王冕说："娘，我在学堂也闷得慌，不如帮人家放牛，心里倒快活些。"王冕喜欢读书，他这样说，为了安母亲的心，不让母亲内疚，孝啊。

（2）母亲要王冕早出晚归，处处小心，王冕一一答应，"白天在秦家放牛，晚上回家陪伴母亲"。10岁的王冕遵照母亲的话去做，母亲不为自己担忧，母亲放心，孝啊。

（3）"遇上秦家煮些腌鱼腊肉，他总舍不得吃，用荷叶包了回家孝敬母亲。"爸爸小的时候，一个月难得吃上一次肉；王冕家，一年也难得吃上一两回肉。秦家也不是什么大富人家，腌鱼腊肉也不常有；有，也不多给。王冕将腌鱼腊肉带回家，中饭可能什么菜也没有了。晚上，母亲吃着"腌鱼腊肉"，心里一定暖烘烘的，孝啊。

（4）"春光明媚的时候，王冕就用一辆牛车载着母亲，到村上的湖边走走，母亲心里十分欢喜。"母亲欢喜、开心，孝啊。

让父母安心、放心、开心、暖心，古人王冕的孝，也是当代人要追寻的孝。这一点，我和妈妈没做完美，没为你做好完美的榜样。我们一起努力，一起进步，让父母安心、放心、开心、暖心。一家人生活在"安心、放心、开心、暖心"中，多么美好的生活。

去年春节，妞妞一家打的回乡下。妞妞的爷爷、奶奶不开心，两个儿子都在市里，回家过年，一个也没有车。瞧村上，人家的儿子都开车回。今年，妞妞家买了车，过不多久，妞妞的叔叔也买了车，两个儿子开车回家，乐坏了爷爷、奶奶。父母就这样，看到儿子不比别人差，看到儿子有出息，就高兴，就自豪。

我们家买车，条件也不成熟。我不后悔买了车，尽管每年的开销不小。那年，开着新车回家，爷爷奶奶那高兴啊。爷爷奶奶总自豪地说，大儿子的车。这车，代表儿子有出息，有这么个儿子，自豪，骄傲。

母乌鸦喂养大孩子后，一身羽毛都脱落了。小乌鸦飞来飞去，给母乌鸦喂食，直到母乌鸦的羽毛再次丰满了，能飞了，才离开。"鸟"不可貌相，黑不溜秋的乌鸦，竟有此孝心。幼小的羔羊饥饿了，总跪在地上吃母羊的奶，以示感恩。女儿，爸妈眼里，你就是一只幼小的羊羔，我们疼你，爱你，关注你，期待你，而你，能以小羊羔的心来待你妈吗？

《弟子规》说："父母呼，应勿缓；父母命，行勿懒。"大意是，父母呼唤，要赶快答应；父母有命令，应赶快去做。话有点过头。父母不是圣人，自有不对之处。然而，看看现实，看看不孝儿女，这话很有可取之处。父命也好，母令也好，毕竟对的时候多，错的时候少；毕竟，以我和你妈来讲，不会蛮横地提不合理的要求；若有，你指出来，你指得对，我们也一定接受。

前儿天，读到"树欲静而风不止，子欲孝而亲不待"，再次感慨，我要多回家看看，让爷爷奶奶安心、放心、开心和暖心。

感谢上天，我有一个健康的女儿。

感谢上天，我有一个漂亮的女儿。

感谢上天，我有一个善良的女儿。

感谢上天，我还有一个孝顺的女儿。

爸爸
2008年5月17日

14. 毕业

童童：

　　昨天，我们举行了小学毕业典礼，我代表学校发了言，我认真做了准备。这些话，对学生讲的，也可以说，对你讲的，我把对你讲的话，讲给了学生听。

　　我对学生们说，毕业意味着收获，收获知识，收获能力，收获情感。你们知道季羡林，知道"七七事变"，知道三亚落日，知道浙江金华有个双龙洞，这些知识，读小学前，没有或很少。你们会计算，会推理，会读书，会写作，这些能力，读小学前，没有或很少。世上有四种感情最真、最纯、最美：亲情，友情，爱情，师生情。小学六年，你们收获了满满的友情、师生情。不要忘记自己的同学，不要忘记自己的老师，人不只靠吃饭活着，也靠美好的情感活着。

　　我对学生们说，S·H·E有首歌，叫《不想长大》，"我不想、我不想不想长大，长大后世界就没童话"。不想长大，大概怕前路有荆棘。长大的世界确有荆棘，要你们去面对。然而，面对荆棘同样是美好的。因为，在勇敢的眼里，悬崖峭壁，暴风骤雨，都是他们拼搏的天堂；在求知的眼里，学习的困苦，试题的堆积，都是他们通往成功的基石；冬天，在悲观者的眼里是寒冷，在乐观者的眼里是春天的序曲；黑暗，在悲观者的眼里是黑、是暗，在乐观者的眼里是黎明的前奏。大家一定还知道另一首歌，叫《不怕不怕》，面对前面的荆棘，要勇敢，要有勇气，要不怕，你的心中永远有一双隐形的翅膀。

我对学生们说，你们即将远离母校，即将远行，就像父母面对远行的孩子，总要叮咛再加叮嘱，这一刻，我也想嘱咐五句：

第一句，请不要相信天才，要相信勤奋。爱迪生说："天才就是99％的汗水加1％的灵感。""1％的灵感"哪里来？"灵感，不过是'顽强的劳动'而获得的奖赏。"勤奋，是步入成功之门的通行证。不比聪明比勤奋，勤奋就是天才。有一位名人早说过："天才不是别的，而是辛劳和勤奋。"

第二句，请不要相信成功，要相信失败。人生不如意十之八九，人生不可能不面对失败。一个勇敢的人，从失败中获的教益，远胜于成功中获的。期望大家能做一个善于从失败中吸取教训的人，期望大家能做一个"即使跌倒一百次，也要一百零一次地站起来"的人。"失败"的代名词叫"挫折"，"挫折、磨难，是锻炼意志、增强能力的好机会"。成功若是甜甜的蜜，失败和挫折则是苦苦的药，而你们都知道，良药苦口利于病，忠言逆耳利于行。

第三句，请不要相信大事，要相信小事。"天下难事，必做于易；天下大事，必作于细。"老子的话的意思，最难做的事，也是从最容易做的那部分做起的，最大的事，也是从最小的那部分做起的。每一件小事都能做好的人，就是能干成大事的人；每一件简单的事做好，就是不简单；每一件平凡的事做好，就是不平凡。"作业写得清楚、交得及时""教室扫干净、垃圾倒及时""遇到老师问声好""遇到老人让个座"，这些小事做好，做好这些小事，你就是在为母校争光，就是在为自己的成长、成才累积资本。

第四句，请不要相信喜欢，要相信责任。有一位著名的心理学家，对100名成功人士进行了采访，发现只有39％的人做着自己喜欢的事，61％的成功人士认为，他们做的并不是自己最喜欢的。然而，他们都非常成功。不喜欢也可以做得很成功，那是他们有责任。做了医生，就要把医生当好；做了老师，就要把学生教好；做了邮递员，就要把每一封信及时送到……做了眼前的事，就要把手里的活儿干好。一些学生不喜欢学某学科，不喜欢父母计划的弹琴、画画，我要告诉你，你要的或许不是"喜欢"，而是"责任"。不喜欢语文照样能学好语文，不喜欢数学照样能考好数学，不喜欢钢琴照样能弹得很好听，请相信"责任"，不要总跟着"喜欢"走。

第五句，请不要相信未来，要相信当下。未来有点虚无缥缈，未来是由无数的"今天"组成的，空想着"未来"的人，不会有美好的未来，只会徒增今天的苦恼。只有握住"今天"的人，只有在"今天"不断学习的人、努力的人，才会有美好的"未来"。请大家不要忘记学过的《最大的麦穗》：追求应该是最大的，但把眼前的一穗拿在手中，这才是实实在在的。

童童，明天你也将参加小学毕业典礼，老师也一定会对你们提出殷切的期望，希望你能认真倾听，老师的知识并不一定比你丰富（比如老爸，英语就比你差），但他们走过的人生路上的感慨，一定比你们深。知识可以快马加鞭地学，而人生的路，只能一天一天、一步一步地走。

即将告别美好的小学生活，童童，你要记得母校的老师，记得母校的同学，记得母校的一草一木，小学老师不伟大，却很尽心，很尽力。明天你离开母校，不要忘记和每一个教过你的老师真诚告别。一声轻轻的告别，会给老师送去无尽的温暖。这既是一种简单而实在的回报老师的方式，也是在为你自己积累优秀的学生形象。

祝你暑假快乐！

爸爸
2008 年 6 月 28 日

15. 苦

童童：

你在澳洲的日子里，我和妈妈多么想你，你在那边哭了，我们难受；你不哭了，我们好受；你很好，你开心，我们放心，心情大好。妈妈的手机存下你的号码，名"宝贝"。你是妈妈的宝贝，也是爸爸的宝贝，我们一家的宝贝。

或许你不信，哼，说得好听，又没真把我当宝贝，整天要我学这、写那。

宝贝，你要知道，你一定要知道，这才是爱，这才是真正把你当作了宝贝。只有期望自己的孩子出类拔萃，并为之付诸行动的父母，才是真正将自己的孩子当宝贝了。那些妥协的，孩子说不愿意，好好好，那就不去了吧。这样的父母，只眼前当孩子为宝贝，没有将孩子的一生当宝贝，他们没有为孩子的一生做准备。这次，你去澳洲，妈妈不坚持要你学琴，一样专长都没有，岂不有点糟？

宝贝，近几天，你的抵触情绪很大，老说不要读书，不读书多好。我担忧。

在北大，听曹文轩教授讲课，他讲，人生是一场苦难，我同意。妈妈说，生你的时候，她很痛，很痛。你振振有词，孩子出生的苦痛，比妈妈还厉害。有道理。一个人的出生是喜事，却也伴随着巨大的痛苦。一个人慢慢长大，走向死亡，又是害怕、恐惧和痛苦。你看，人生不是一场享乐，而是一场苦难。

是不是我们就此逃避，就此做一个懦夫？曹文轩教授讲得好，一个人能面对多大的痛、多大的苦，他的生命就有多厚、多重，就有多大的魅力。人生是一场不断与矛盾、与自己不愿意的事进行妥协，最终战胜自己的胆怯、自己的逃避。不放弃，跟种种不如意、种种不痛快战斗，过一个富有激情的人生，过一个富有雄心的人生。

学习，你无法逃避，也不允许逃避。

宁夏的高考状元、吉林的高考状元都说，高三，中学六年轻松。我想，他们的胜利，他们的辉煌，首先，是心理上战胜了学习，战胜了考试，继而，他们享受到了战胜考试所带来的快乐。很多学生说学习苦、考试痛，他们无法勇敢地、微笑地面对学习、面对考试。

宝贝，人离不开学习。爸爸也一直在读书，一直在写作。或许你会说，妈妈怎么不太看书和写作，这是妈妈的牺牲。不是为了支持爸爸，妈妈会像李阿姨那样出色，成为一名很优秀很优秀的老师。那么多家务要做，那么多的事儿要处理，哥哥的事、爷爷的事、外婆的事，车要保养，老人生病，妈要去接、照顾，一个家庭里，总要有人做这些。妈妈做了，这种牺牲很伟大，妈妈很伟大。

小的时候，我最怕作文，每次作文都很痛苦。现在却出了三本书，有两本书还在教育圈产生一些影响，第四本书也已完稿。世上任何的苦，坚持与它斗，定能胜它；胜了它，痛苦就转化成快乐。

爸爸一直在读书、写书，花在工作上的时间也多，没有好好陪你说话、游玩，这是我的愧疚。请女儿原谅。在我们眼里，宝贝你永远是我们的宝贝，不管对你笑，还是对你凶，你永远是我们的宝贝。在我们眼里，宝贝是聪明的、懂事的、文雅的、气质的。在我们眼里，你的潜能远没有挖掘出来。目前为止，你挖出的能力大都是被动的，有一天，你主动地学习，200%会更出色。我，一个从小不知道课外书是什么的人，要出第四本书，目标写 10 本书。我要创造于我而言的奇迹。

我们那个时代，没东西吃，没衣服穿，没电视，没电脑，没汽车，那是苦。你们的时代，这些都有了，也一样有苦，考试的苦，升学的苦。日本的学生冬天在雪地上走，夏天在火焰山走；加拿大的学生要到雪山下露营。每个人有每个人的苦，每一个时代有每一个时代的苦。谁越过的苦多，谁越洒脱，越自在。

女儿，我们一起面对学习，一起面对苦。有家人一起走，所有的苦都会是温暖的爱。

爸爸

2008 年 8 月 31 日上午

16. 耐力

童童：

昨天，你的眼红红的，房间里传来呜咽声，我的心头布满了愁云。爸爸很愧疚，我该做的，却总没做好。

暑假初我决定，陪你看初一的数学书。哪想，去温州、南京、北京、上海、舟山，又写了本新书，假期结束了，那本初一的数学书，没陪你看过。

开学第一天，你们居然数学测试，有一部分内容，初一数学书上的。你没学过，不会做，很紧张，紧张得饭也吃不下，作业也不定心，一会儿想背语文，一会儿想做数学。你着急，你心慌，你哭了。我难过，我内疚。

初一，又是一个"一年级"。六年前，小学的一年级，2002年10月10日，数学考了80分，你哭了，眼红了，肿了。我内疚，那晚写了《愧对女儿》，今天打开，读着读着，我的心又酸了——

这个深夜我无法安睡。忍不住去床头看女儿，看熟睡中那张熟悉的小脸。

我的小女儿，此刻你的梦中是否依然同以往一般快乐香甜，仿佛森林中自由奔跑的小鹿？此刻你的梦中是否依然同以往一般无忧无虑，仿佛白日里那飘忽不定的云彩？我的小女儿，不要哭泣，不要流泪，爸爸不想看到你无助的眼神，不想握住你无力的小手。我的小女儿，不要灰心，不要妥协，不要把生活看得这般沉重,答应我,明早起床,给我一个笑容,给我一声亲切的呼唤。我知道,你的人小,你的心也小,你稚嫩的肩膀还载不起太多的重量,我的小女儿,你也不需要去扛这些无谓的分量啊。

我的小女儿,不要紧的。真的!不就是一次考试吗,不就是得了80来分吗,不就是得不到老师的表扬吗,我的小女儿,不要紧的。真的。爸爸不在乎这些。真的,爸爸不在乎这些!不要让这些阿拉伯数字赶走你的微笑,赶走你的天真,赶走你的欢乐。你说妈妈不要对爸爸说,你说妈妈下次考好了再告诉爸爸,你说妈妈我是不是很笨,你说妈妈我是不是不再聪明了。我的小女儿,不是的,不是这样的。你一直是爸爸眼里最好的女儿,最漂亮的女儿,最聪明的女儿,最懂事的女儿。我的小女儿,此刻你的梦中有小鹿有云彩吗?我的小女儿,此刻你的梦中是不是跳出了一只大灰狼,不要紧的,有爸爸,有爸爸呢。

我的小女儿,要不是爸爸整天忙着学生忙着学校,要不是爸爸回到家总是星星都出来了,要不是爸爸回到家就累得直想睡觉,要不是爸爸每到礼拜天还有那么多的事要做,要不是爸爸从开学到现在从没过问过你的学习,你不会这样,那个可恶的数字也不会跑到你的试卷上。我的小女儿,你知道吗,是爸爸不小心没看住这个数字,它才有机会溜上来和你开个玩笑。我的小女儿,你在微笑吗?你笑给爸爸看一个,好吗?为什么你的眉角要紧蹙,为什么你的嘴角要抽喧?难道,你不愿意爸爸和你一起去田间走走,一起去村东头的小溪边坐坐?难道,你就想这样和爸爸一起度过这个有月无星的夜晚?

女儿,你的被子掉了,小心着凉,这次是爸爸帮你捡起来盖在你身上的。你看到了吗?

一晃六年过去了。

六年来,你一天天长高,一天天进步,你读了一本又一本的书,发了一篇又一篇的作文。小学六年,爸爸没有好好陪你,一不留神,六年过去了。

我的心又酸了。

你初一了，爸爸却越来越忙。手头的书，还没有定稿，要改。9月、10月，有好几次外出讲课，北京那边要我编作文教程，还没有动呢……初中三年，会不会又一不留神地没了。

童童，爸爸始终相信，我的女儿是能干的、坚强的、聪慧的。有这样的女儿，我感谢上苍对我的恩赐。女儿，请你相信自己，你不只语文、英语一流，数学也是。小学一年级，爸爸没提前教你"10以内加减法"，遇到了点挫折，小学毕业，你依然出类拔萃。今天也是，没事，学习是长跑，初中有三年呢，我们不用在乎最初的抢跑，我们拼耐力，拼耐性，现在起，爸爸陪你一起学，一起练，一起赶超。

女儿，每天下班回家，看到你的笑，听到你的一声"爸"，那是我的幸福所在。笑一个，好吗？

爱你的老爸

2008年9月1日晚

17. 失败

亲爱的女儿：

你情绪上的每个变化，都牵动着爸爸、妈妈的心。你的快乐，就是我们的快乐；你的不快，就是我们的不快。这就是家，这就是亲情，这就是爸爸、妈妈和女儿。

国庆，我们去 K 歌，好开心，三个小时，一会儿就没了。几百块钱，值得，钱能买到快乐，钱就有了真正的价值。可惜，人世间的很多烦恼，不是花钱可以卖掉的。

童童，初中学习的竞争，将是小学的 N 倍，我们无法绕开它——如果我们不去参加这场升学的比赛，如果我们能到北京、上海避开高考高峰，如果能像"瑞贝卡"那样移民……一切的"如果"对我们而言，始终只能是个"如果"。这个"如果"，或许在我们的有生之年能够实现，但一定不是现在。现在，我们只能顽强面对现实。

人生本来是一场值得庆幸的苦难。出生是一种痛苦，死亡是一种痛苦，中间的种种烦恼、种种挫折是痛苦。然而，我们应该庆幸，我们生而为人，我们有权力去经历这场最有价值的苦难之旅。人经历了苦难，如同凤凰经历了烈火，浴火重生。

童童，请你坚强地面对现实的考试。你有坚强的资本——

爸爸、妈妈会永远站在你的身边，帮助你，而不是批评你。真的，你要相信，爸爸、妈妈想给你的，只有帮助。有的时候，可能爸爸、妈妈在帮助的方式上，给你带来了误解，我们改。我们只有你，唯一的女儿，怎么可能不站在你的身边呢？

你有坚强的资本——

小学的基础很好，毕业考试，考得很好，小升初摸底考试，也考得很好。你的学习习惯好，每天早上起床后，就读英语，读课文，已经走过了好几年，有这样好习惯的人，真不多。你的生活习惯也好，周一到周五，沉浸在学习中，不看电视，不玩电脑，9点左右睡觉，一觉醒来早上6点。你的学习方法也好，妈妈正在陪你一起"关注错题"。"关注错题"就是一个顶好、顶好的学习方法。面对考试，我的女儿还紧张，那全中国将有多少人面对考试而无法生活。

童童，你只是要学会面对初中生活，只是要学会放松自己。没什么好紧张的，不就是一次考试嘛。考好了，好。考砸了，没事，抬起头，看谁能笑到下一次。如果你永远处在胜利中，我才担忧呢。一个永远胜利的人，一旦失败，可能会从此一蹶不振。人，只有在经过失败，才会有抵抗挫折的能力。一个人没有抵抗挫折的能力，不会成熟，也不会有真正的幸福。

挫败，人生的必修课。所以，童童，神经不用绷得紧紧的。失败了，又如何？失败给人带来的收益，远远胜过胜利。家里有一本书，叫《失败的力量》，很薄，没多少字，却真的很有力量。当年，我参加比赛，失败了，一个人走到吴江公园，默默抽了一阵烟，又走到书店淘了这本书。

1832年，他失业了。他下决心要当州议员，竞选失败了。

1832年，他办企业，不到一年，倒闭。所欠的债务，他还了17年。

1835年，他订婚了。结婚前几个月，未婚妻去世。

1836年，他得了精神衰弱症。

1838年，他竞选州议会议长，失败了。

1843年，他竞选国会议员，依然失败。

1846年，他再次竞选国会议员，终于当选。1847年，他争取连任，落选了。

1854年，他竞选国会参议员，失败了。

1856年，竞选美国副总统提名，他失败了。

1858年，再次竞选国会参议员，他失败了。

1860年，他当选为美国总统。

失败，一所最好的大学。他，林肯，"失败"这所大学的优秀毕业生。

为什么有挫折找上你？

那是上帝偏爱你，上帝要打磨你。

爸爸

2008年10月9日晚20:58

18. 爱憎

童童：

爸爸在常州，一小时后回家。回前，我要完成这封信——爸爸去常州前，对自己下的任务。

初中生活终于来了，两个多月了。

两个多月里，我和妈妈感慨，比起小学生的家长，初中生的家长难多了，也累多了。你们的数学，时不时难倒我，要是小学，那还用说。早上，妈妈起得更早了，确保 7 点 10 分前，送你去上学。外婆出车祸前，还不怎么累，外婆不能来了，生活一下子旋转起来了。

最累的，不是这些。每天回家，只要你开朗，有说有笑，气氛就好，就高兴。而高兴，能消除疲劳。回来，你默默的，不声不响的，关自己在房里，我们和你一样默默的，我们的心连在一起。

妈妈说，只要你出校门步履轻松，面容微笑，当天的作业或考试，肯定不错。要是出校门阴着脸，当天的作业或考试，肯定没你自己想的好。童童，初中，考试乃家常便饭，考好，考坏，都正常，没有人是考场的常胜将军。一个考场上的常胜将军，很危险的，危险在他或许是考试机器，危险在他没有经历过失败。等有一天失败来临，那时候的他，能否承受得住，会不会崩溃，难说。

学习上、考试上，或有人打遍分数无敌手。社会生活中，没人不遇到失败，绝对没有。我遇到，妈妈遇到，叔叔遇到，婶婶遇到，舅舅舅妈遇到，曹老师遇到，孙老师遇到，汪老师遇到，凡人都会遇到。怎样笑着面对失败，怎样在失败中寻找胜利的希望、积聚反击和取胜的力量，这是一门重要的学问，谁早日学得，谁就能早日走出失败。

女儿，不关注你的成绩，那是虚伪。我和育新哥哥谈过，像我们，没什么背景，一切靠自己奋斗，考试是目前为止最为公平的竞争，离开学校的任何一切竞争，都要不公正、不公平得多。尽管如此，我还是要请你相信：我和你妈更关注你生活的每一天，是否从容和美丽。我们更愿意，你能从容地、美丽地过好初中生活的每一天。

爸爸内向，心思多，接触禅学，渐趋平静，平静地面对生活的点点滴滴。该来的，就让它来；该去的，就让它去。你说，对初中老师没有好感，他们将你们的生活搞得一团糟。我想再次向你解释。爸爸妈妈都是教师，都深深知道，这不是老师的错，这是教育制度的错，教师只是整个教育上的一粒棋子，他想往哪里走，哪里摆，不是他自己能决定的。初中老师也是。教师，也是整个教育制度的受害者。你们的班主任老师，教两个班的英语，当两个班的班主任，早上还是中午，都早早到班，很晚才回家，她比爸爸、妈妈更累。她也有家，还有小孩，怎么不累？她也没办法啊。

学校很松的话，很多家长不会选择它。学校很松，三年后，中考成绩没有紧的学校好，后悔莫及。说实话，我也认为，你们学校"紧"了点。然而，学校和老师要做到"不紧不松"，恰到好处，那要求显然过高了。小学里，家长要我做到"不紧不松"，我想，我也做不到。将心比心，做不到"不紧不松"，只能在"松"和"紧"里选一个，绝大多数的家长会选"紧"，每一个上进的、懂事的学生，也会选"紧"。

童童，我相信你会做出明智的选择，尽管我不用你回答，尽管你可能会说怄气话。但我知道，当你安静地坐在自己的房间里，看着窗外的车来车往，你会有我们不需要追问的答案。

　　在这个社会上,老师远没有你想象的强大,他们也很脆弱,他们脆弱的生命和时间,被这个你所憎恶的教育制度,折磨得过早地衰老。他们和我,都是不值得恨的,而是值得像我同情你一样,值得你同情我们。中国的教育制度,有可恶的地方,然而,我不希望你痛恨它。正如你无法选择爸爸、妈妈,你也无法选择你的祖国,哪怕有一天,你出国了,你有绿卡了,你在国外定居了,你的孩子在国外受教育了,你的祖国依然叫中国。

　　爸爸不帅,一张常受你嘲笑的"方脸",希望你不要嫌弃。中国的教育,有着太多的可恶,希望你不要嫌弃她,她是我们的祖国,我们可以发奋改造她,不要憎恨她,抛弃她。

爸爸
2008年11月8日,星期六于常州

　　附:昨天,妈妈希望你完成作文再看"快乐大本营"。我们让你完整地看"快乐大本营",一个星期就这么一次。今天下午,你一直闷闷不乐,为没写好的作文,看来妈妈是正确的,妈妈太了解你了。有的时候,最了解我们的人,不是我们自己。

11月9日

19. 胜利

童童：

　　真诚地祝贺你，祝贺你的进步。

　　9月，初一新生摸底考试，排出一、二、三名来。进入初中，第一次全校大排名。你哭了近一周，我和你妈都不知道如何劝你，你妈几次三番、几次三番地对我说，啊呀，随童童好了，只要身体好、心情好。

　　你勇敢地闯过了关，取得全校第二的好成绩。

　　10月，第一次遭遇初中的月考。初中不像小学，不再遮遮掩掩，月考就是月考，排名就是排名。考前的几天，你很焦虑，很不安，我和你妈一而再、再而三地安慰，放宽心，没事的，哪怕考砸，也不怪你。考砸了，暴露出问题了，好事啊，计算粗心，某个知识点掌握不扎实，问题出来，我们一起想办法。最可怕的是，不知道的、不懂得的没考到，问题掩盖起来了。

　　考试的那天早上，你终于忍受不住，哭出了声。哭出来也好，解压。妈妈告诉我，上学路上你调整过来。那一次，你考了令全家都吃惊的成绩：全校第一名。

　　今天，初中的第一次期中考试。初中升重点高中，有"保送制"，"保送生"的名额，主要看初一、初二、初三的期中、期末成绩。能想象得到你的压力。我们不会看得很重，但正如你所说的，同学会怎么看？老师会怎么看？全校性的考试，座次按名次排，秦婧好跟你半开玩笑："管童，下次你怕不能在第一考场见到我了。"调侃的话里，可以想见她的担忧。而我，从你的讲述里，也想见了你的担忧。早上，你焦躁，为吃早饭，与妈妈怄了气。我依然欣慰，你进步了，没有当着我的面掉眼泪。

童童，我为你的进步欣慰。看似一点点的进步，多么不容易！你用整个心灵与考试的焦虑、不安、恐慌做斗争，而你，胜利了。

这是成长；重要的成长。

中学比拼的，不只知识和能力，还有体力和心力。我不担心你的知识和能力，你有优秀的学习习惯和学习态度，种下一个习惯，收获一份果实。我信。体力，也不太担心，花季的你，旺盛的生命力能抵挡。当然，也要注意生活习惯，如早餐，早餐不吃好，胃的伤害大；胃出了问题，营养跟不上，全身受牵连。像打仗，被对方攻出一个缺口，会输掉整个战场。妈妈为你的早饭生气，这"生气"，担忧啊，担忧你的体力跟不上，担心你的身体跟不上，担心你的胃会出问题。

我担心的，是你的"心力"。

有一个成语叫"心力交瘁"，失败者，往往先输在"心力"上。今天，我很高兴地看到你的"心力"的提升。不知道这次你发挥得怎样，没考好，我希望你能勇敢面对，面对打击，脆弱的人收获沮丧和眼泪；勇敢的人，眼泪之后收获坚强，收获"心力"。

也许，你在《小故事中的大智慧》中，看到了那个叫"史泰龙"的国际武打影视明星。他向好莱坞一次又一次推介自己，一次又一次遭到拒绝，直到1885次后，才被接受，于是有了震惊影坛的《洛基》。

擦干眼泪，笑迎失败的人，不是强者，又是什么？

强者，并不是只有得了高分。笑对没有考好的成绩，不低头，不气馁，不妥协，不消沉，不放弃，不抱怨，默默地，又是积极地走，追，赶，也是强者。这样的强者，更叫人肃然起敬。

爸爸
2008年11月14日星期五

附带说一下：

身体不好，爸妈担心着孩子的身体，希望孩子健健康康，健健康康就好。身体健康了，不发烧，不感冒，生龙活虎了，爸妈就期望孩子学习也好。童童，这就是爱，这就是父母的爱啊。父母总期望自己的孩子不断进步，身体不好了，希望身体好，身体进步；身体好了，期望学习好，学习进步。这是每一个父母对孩子永远也剪不断的爱。

20. 无愧

童童：

你给我们的信，看过了。

回信晚了，有两个原因：（1）妈妈说，她已经回过信了，我晚点回，可以错开。（2）这段时间，我忙着改书稿，我有一个伟大的梦想，出一套"管建刚作文教学丛书"，里面有《我的作文教学故事》（已出版）、《我的作文教学革命》（已出版）《我的作文教学主张》、《我的作文训练系统》，计划中，还有《我的作文教学课例》等。

有梦想是辛苦的，也是饱满的。饱满和辛苦，一对不可分离的姐妹。

听你和周雨乐没大没小、没对没错的玩笑，我很羡慕。我可以和哪个朋友，像你和周雨乐那样，躲在厕所里一起哭、一起笑呢？有的时候，我也有不少的迷惑、彷徨和困苦，可我找不到可以和我一起哭一起笑、像你的周雨乐那样的朋友。从童年、少年一起走过来的好朋友，最真的朋友。过了青春，再找朋友，难有那么纯真的了。

我能理解你对考试的担心。我知道自己的女儿，表面看起来绵柔，内心和爸爸一样，不服输。这是一个优点，它会督促我们不断前进，不断进步，不断攀越更高的山峰；也是一个缺点，会使我们失去一些快乐。我喜欢去师公那里，那里可以获得平静，一种比快乐更美好的心境。

耿扬说，她喜欢一边听歌一边做作业。我不反对。像你，耿扬，不会因听歌影响作业质量、学习质量。听歌，心灵的休憩。如你所说，乐器和歌手的声音交织在一起，如此美妙，那美妙可以穿透心灵深处的柔软和软弱。人都有柔软的一面，艺术，可以把将柔软肆无忌惮地释放出来的。释放，不是软弱，而是健康，重拾奋斗的勇气。正像眼泪不是使人软弱，而是让人擦干，笑着上路。

你说，每个星期都担心考试，我完全能理解。

作为老师，我一直担心学生的考试。考学生，等于考老师。学生没考好，老师跟着一起丢面子。每到期末，我的脾气就不好，会没耐心。我很郁闷，为自己做得不好，控制不了自己，不是个优秀的教师。急躁了，发脾气了，又没什么用。现在，我想通了，不担心了。每天的工作，我都踏踏实实、兢兢业业，我已经把我的全部力量拿出来了，我对得起工作，对得起学生，哪怕学生考砸了。我渐渐平静，平静而踏实地工作着。

童童，每天的学习，你是认真的、踏实的、努力的，即便考得不好，即便考砸了，同样可以平静，同样可以安心，这是我的经验之谈，也是爸爸对女儿的心里话。

妈妈一直说我，信写得太长，不写了。

周末愉快。我也喜欢周末。

爸爸
2008年12月5日星期五

21. 心门

童童：

　　昨晚，你的房门紧闭，不用你妈说，我也知道，你的房门，是你心情的晴雨表。

　　你妈见了我，像见了救命草一样。房门关着，喊不开，我束手无策。即便开了，说什么好呢？生活中的很多坎，必须当事人自己去面对，去经历，别人帮不上什么忙，哪怕最爱你的人。

　　晚饭你没出来吃。少了你，我们很闷，很没劲。吃着吃着，你妈冷不丁叹了一口气；吃着吃着，你妈又冷不丁叹了一口气。我走到你房门口，耳朵贴在门上，听到你的哭泣声，听到你擤鼻涕的声音，我向你妈报告。我们的心稍放下了点。一个人遇到挫折，能哭出来，好事。哭，不一定是软弱；哭，也是一种发泄。

　　一个晚上，我们小心翼翼，生怕有什么不恰当的动作，使你更难过。你妈时不时轻轻走到你的房门口，听听里面的动静。或者，走到阳台上，看你窗口的灯火。

　　终于，你开门了，出来吃饭了，我和你妈相视一笑。

　　终于，你开门了，出来小便了，我和你妈相视一笑。

　　你又进房，锁门。装修材料不太好，到现在，关紧了门，半天下来，类似硫磺的味,还有。睡前,我们一遍一遍地在门外叮嘱,开窗,开门。

一个人关起了房门,躲在里面,像受伤的兽,躲进自己的领地,静静养伤。我不担心你关起来的房门,一个人关起房门的时候,也往往关起了自己的心门,这才是我担心的。

好在,我的女儿没有这么脆弱。我听到了开门声,我对你妈说,女儿开门了,你妈不信。我走过去,确认了,她才信。妈妈叫我帮你把门开大一点。你不让。你大声地不让我开。我很高兴。发脾气、大声说话,也是一种发泄。

你妈叫我用拖鞋,将门和框隔起来,不然,一有风吹,门和框会发出声响,影响你睡觉。

昨晚的情绪,只为排名落下了。

童童,排名不理想,对你而言;整个学校来说,一点也不差。70多名,后面还有很多啊。人家考200名、300名的,是不是不活了?不是的。他们也很阳光,很风趣。很多时候的很多事情的很多伤心,只是过不了自己的关,别人并不这么看你,也没有你想的那样看你。

乡下有一种说法,常吃药的人往往寿长。经常吃点小药,经常清理身体里的垃圾,平日里也更注意对身体的保养。有的人,一直很强壮,大大咧咧,一得病,就摊上大事。学习上的事,类似。第一、第二的人,一旦跌落下来,受的伤重。排在前面,表面看来,风光无限,背后的压力,可以想象。排名后一点,下去几个名次,别人不在乎;上几个名次,有进步,倒也高兴。他们的幸福感,比前面的要多。处在前面的人,往往孤独,曲高和寡。

我从来不说我们家穷。有多少人,一年就能挣我一辈子的工资之和。可我也相信,有很多人挣的钱,不到我的一半。我这样想,不是我消极,不是我颓废。这样想,有一种满足感,我就能活得快乐些、惬意些。这也不表示我不进取。我看书,我写作,我不停地看书,不停地写作。我要对自己放松,使自己有一个好心态,又要对自己严格,使自己不断进步。这是我目前的状态,目前的认识。

昨天你妈说，这是你到现在最大的挫折。这个挫折来得不坏。我问你妈，有过这样的挫折吗？你妈说没有。我笑道："怪不得你只能是一个普普通通的老师。"我有。英语考了29分，两年后，中考英语得了95分。我从中明白，挫折没什么，跨过去了，就好了。

我受过的挫折，不止这些。一个人要成长，要成熟，就必须要有挫折。挫折里有很多有价值的东西，这些东西，对于成长而言，必需的。你吃饭，身体会成长；你失败，你挫折，你的精神和心灵，会成长。第一考场挤到第二考场，你才会体会到，以前那些挤出来的人的心情，你才会充满同情和悲悯，没有这样的经历，你的同情和悲悯，是"虚"的。

如果知识点上有问题，这次的挫折，能促使自己去补；如果做题不仔细，不细致、粗心、马虎，那我想，这次的挫折，会深深地刺痛自己，会引以为戒，会告诫自己，粗心和马虎，不是小问题，而是大问题，细心本身就是一个重要的考试能力。

童童，世上有很多事情我们无法控制，比如你想出生在美国，你想比尔·盖茨是你的爸爸，不可能，你无法控制。而有一些事情，我们能控制，良好的生活习惯，良好的学习习惯，良好的心态，只要注意训练，我们能。已成事实、无法改变的事情，也不要去徒劳，就像这次考试的失利，不用再去伤心，我们抓那些我们能改变的。

我常说，我们无法控制我们的身高，但我们可以控制我们的肥瘦。我是这样想的，也是这样做的。到60岁，你再看老爸的身材，一定不错，我有信心。

我对女儿，也有信心。

老爸
2009年4月21日中午

22. 幸福

女儿：

　　上周五，三个多小时汽车，到泰州已下午一点。饭后，给泰州的老师讲课，16:00点赶南京机场，三个小时，搭乘20:30的飞机。飞机延误三小时，到广州白云机场，周六凌晨一点多，睡觉已凌晨三点。7:30起床，听课；下午15:30，我讲课，17:20结束。吃了饭，一行人去唱歌，我没力气了，睡觉。周日，早上8点出发，10:10分的飞机，组办方买的回程票，居然是南京，害惨我了，飞到南京，转去火车站，坐动车，没票，只好赶汽车站，14:30的票。那车空调坏了。车上的人叫，司机去修，到吴江18:30，整四个小时。

　　车上，遇一老人，挥汗如雨。老人健谈，聊起年轻的事儿，容光焕发。谈到儿子，老人眼光黯淡了。儿子不争气，不好好干活，游手好闲，老人挣下的家产，三两下挥霍掉了。干了一辈子，老人该在家喝喝茶，逛逛街，享享福，却不能，还在奔波。童童，对父母来讲，孩子有出息，这是老了以后，最大的幸福。说白了，你有出息了，是老爸老了以后最大的幸福。

　　昨天母亲节，我提醒你洗碗，帮妈妈做点家务。女儿的小小举动，会温暖妈妈很久。早上，我都用你父亲节送的洗面奶，洗在脸上，暖在心上。而你质问我："那你为什么不去给奶奶过母亲节？"我的确没有给奶奶过母亲节，责任在我。而我要做一点辩解,我天天在给奶奶过母亲节。真的,我不瞎说。多年前,我告诫自己,要出人头地,成为村上有出息的人,让爷爷、奶奶为有我这样一个儿子而骄傲,让爷爷、奶奶为有我这样一个儿子的存在而开心。

女儿,这就是我所理解的,给母亲、给父亲献上的一份永久的礼物。为了这一份礼物,我奋斗了十年,十年里,有多少苦,多少泪,多少个假日,我在工作、工作、工作;苦,我不喊苦,累,我不喊累。

美好的双休日要过去了,黑色的星期一要来了,你心情灰起来、黑起来了。人生不如意十之八九。一辈子如意的事,不多,十件中,不过一两件。一个星期,七天,两天放松,所占比例超过"十之一二"了,坦然地面对"十之八九",一门重要的学问。

见一书法作品,"常想一二"。不如意十之八九,那就常想如意的"一二"吧。不想不好的事,想好的事,想如意的"一二"。我说,那书家写对了一半。只想如意的"一二",那是逃避。要面对"不如意的八九",有了"不如意的八九",才衬托出"如意的一二"的美好。有了周一到周五的辛苦,周末才格外美好。

不用读书,不用工作,每天玩闹,哪知道周末的美好?暑假,每天都周末,真到了周末,一点周末的劲也没有。今天的我们,饭桌上有鱼有肉,说不上惊喜,谈不上幸福。我们小的时候,去外公家吃猪头肉,多么幸福啊,幸福的猪头肉。为什么?那年头,没肉吃啊,一个月也吃不上一顿肉。

"幸福"出自"辛苦"。"幸福"的"幸",和"辛苦"的"辛",如此相像,里面的学问,长大了,你要慢慢领悟。

爸爸

2009 年 5 月 11 日,中午

23. 排　名

童童：

今天要考试，你心情不好，早饭，没精打采的样子。

这样的情形不是一两次了，我和你妈有点不安。上次，你排名第 11 名，第 11 名和第 1 名之间，有多少差距？没多少。语文 88 和 85 有什么区别？数学 97 和 95 有什么区别？英语 99 和 97 有什么区别？没什么区别。加起来的数字，能把你从第 1 名拉到第 11 名。

我和你妈始终认为，你有着非常优秀的学习习惯，作业速度快，字迹也干净，这些注解了你的学习素质、学习能力。第 11 名，没问题。倒是你，总以为自己不够好，总以为自己没发挥出最好水平；倒是你，每次考前，唉声叹气，忐忑无比。

童童，忐忑也得考，叹气也得考。神定气闲地去考，精神抖擞地去考，与忐忑地考，委靡地考，发挥出的水平，差异很大。昨天，一老师说起他儿子在学校里的排名，按你们学校，一直在 20 到 80 间，压力很大，谈起考试就心烦，消沉。后来，他转变了心态，考进了前 10，从来没有的好成绩。

考场如战场，"狭路相逢勇者胜"。勇敢地面对，勇敢地接受现实，有精神地去考，思维灵敏，超常发挥——有失常的发挥，必有超常的发挥。心理专家研究"考试成功"，结果表明：考试中，"心态"是第一位的。考试，一半考的是心态。

童童，不只我和你妈认为你优秀，你的老师——数学老师、英语老师、语文老师，都认为你非常优秀。为什么考不到自己想要的？因为，你一直在担心自己考不好。

2007年，姚明所在的火箭队，叫人失望。火箭队能力上没有问题，战术上没有问题，问题在"患得患失"，不能放下包袱，该出手的时候不出手。很多评论说，与其说对手击败了火箭队，不如说，火箭队自己击败了自己。火箭队对胜利的渴望，变成了对失败的恐惧。

童童，你的知识没有问题，你的能力没有问题，你的战术也没有问题。你的问题是考试心态，患得患失。不是陈泽灵们把你打败了，你自己把自己打败了。患得患失的人，到最后，往往"得"不了，"失"多了。

瓦伦达，美国著名的钢索表演艺术家，几十年来，从没出过事。一次，为美国知名人物表演，事关瓦伦达在演技界的地位，还能带来前所未有的收益。瓦伦达一直在琢磨，每一个动作、每一个细节，都想了无数遍。

意想不到的事情发生了，走到钢索中间，仅仅做了两个难度并不大的动作，瓦伦达就从10米高的空中摔了下来，死了。事后，他的妻子喃喃地说："我早感觉这次要出事，我早感觉这次要出事。"原来，以往的瓦伦达，表演前，只想着走钢丝，不去管可能带来的一切。这次，上场前他总不停地说，太重要了、太重要了，不能失败，绝不能失败。

童童，专注地做好事情本身，不去想事情以外的可能。你的学习的过程是认真的，你每次的作业是认真的，你每天的学习是认真的，有了这样的过程，月考没什么重要的。不用管谁怎么出色，怎样超常，就管自己，作业认真做，试卷认真做，做完了，和平常一样，安安心心回家，吃妈妈做的晚饭。

不用太在意排名。你的心被排名"绑"住了，你的智慧也会被"绑"住。面对考试，你可以经常对自己说，过程我是努力的，结果并不代表全部。经常开导自己，诱导自己，时间长了，你会轻松考试，战胜考试，考试面前，你会轻松起来，潇洒起来。

爸爸

2009 年 6 月 5 日，傍晚，雷声很大

附：去年奥运会，我们一起看了举重比赛。举重运动员上场，总要大吼一声。吼声可以壮胆，壮气。心态，有力量的。

24．十问

童童：

　　你和戴天仪成了好朋友，你的阳光从来没有如此释放过。生命中的朋友，有时很奇妙，有的错过了永远错过了，有的错过了还会重新再来。当初，戴天仪在爱德小学，在我班上，妈妈要你到我班上，你不来，错；你俩同在松陵一中，不在同一班，错过。开学你换班，戴天仪中途换班，你们才走到了一起。

　　家长会，你们学校请了南京大学的教授讲课。南大的老师问："你的孩子有拖拉的习惯吗？你的孩子有内向不说话的习惯吗？你的孩子有不听话、叛逆吗？"很多家长都在说"有"，比起他们，我真幸福，我的女儿安全地离开了"三问"。

　　后来，顾老师给我们说了十个问题，让我们对照：

1. 你的孩子有时间概念吗？准时回家吗？作业及时完成吗？

　　——我内心的回答：有时间概念，准时回家，作业完成及时。

2. 经常与同学长时间地打电话吗？

　　——我内心的回答：没有。

3. 是否有超过自己消费能力的消费行为？

　　——我内心的回答：没有。

4. 是否讲究起穿着，爱打扮了？或是否经常沉默寡言？

　　——我内心的回答：没有。

5. 是否热爱玩电脑？是否借老师要求查资料的口，玩电脑？

　　——我内心的回答：没有。

6. 是否独立思考，是否一出现问题，就问爸爸妈妈？

　　——我内心的回答：一般都在自己思考过后，实在不会，才问我们。

7. 是否成绩突然下降？

　　——我内心的回答：没有。

8. 是否个别学科特别差？

　　——我内心的回答：没有。

9. 回家是否和家长交流班级故事和自己的想法？

　　——我内心的回答：回家跟我们交流，尤其本学期。

10. 是否和同学交往，有超越友谊的趋向？

　　——我内心的回答：没有。

这样一回答，我发现，我这个老爸当得真幸福。

南京大学的教授说的一个观点，听带歌词的流行歌曲，会使学习不好。我不这么认为。听喜欢的歌曲，不会影响学习。当然，像那教授说的，多听一些轻快柔和的音乐，对心境、心态有好处，我也信。

沈老师说，期望家长能给孩子订一份课外读物，我订了《微型小说》，对构思有帮助。沈老师说，期望家长和孩子一起读，讨论。但愿我能做到，希望你提醒我。

朱老师说，这次的试卷很难，95分以上，很不错了。听了这话，心里的一块石头放了下来。你的数学终于走向了高端。想想也是，老爸的数学那么好，我是迫不得已才教语文的呀。

姚老师说，物理回家作业，要先复习，再做；学有余力，最好看《十万个为什么》的"物理卷"。一个好主意，你认为呢？

顾老师说，要在家里听英语，读英语。这一点，你是标兵，还有什么可挑剔的呢。

南京大学的教授还给我们讲了个故事——

一高三老教师对学生说，教了你们后，我就退休了；谁考上名牌大学，我发奖金。结果，班上三位学生考上了名牌大学。老教师真发了红包。三位学生说："我们也要送您你一份礼物，您想要什么?"老教师要了他们的礼物——高中三年的作业本和试卷。退休后，老教师研究作业本和试卷，得出一个结论：考上名牌大学的学生，作业都干净、清楚，哪怕订正，也是。

童童，看了你课桌上的作业本，清清楚楚、干干净净，哪怕订正。

童童，生活是个大杂烩。学习是生活，晒太阳是生活；紧张就是生活，轻松就是生活；烦恼就是生活，甜蜜就是生活。不只放大假才是生活，不只吃大餐、聊大天才是生活。我也有紧张，也有竞争，也有烦恼。我可不希望天天过暑假。没有压力，没有动力，写不出文字，也出不了书啊。

人啊，天生喜欢偷懒。竞争，把我们从懒惰中推出来。

老爸
2009年11月21日 17:42
你在爱琴海吃大餐

25. 满意

童童：

  翻了上次的信，2009年11月21日，三个多月没写了，怪不得你妈说我，一点也不关心女儿。11月21日，你在吴江宾馆的爱琴海厅，和戴天仪一起吃自助餐，传说你俩吃到所有人都走光了，才孕妇似的，撑着大肚子出来。

  初一报到那天，居然上课，你不适应，哭鼻子。那天，在"阿英煲"吃饭，以示安慰。真快，三年初中，过了一半。傍晚，看着你和两个女生，一起步行回家，平静中，我有一丝悠长的喜悦。印象里，少女的初中生活，就该像昨晚那个样。放学了，三两同学，并肩而回。春天里，有点小雨没关系；夏天里，有点暑气没关系。学习再紧张，伙伴相伴，街灯橘黄，温暖的色调，多好。

  进门前，你去了运动角，单杠上吊了几次。我常趴电脑写字，去年春天没感觉，这个春天，明显感觉颈、肩和腰不舒服，酸、僵、疼。单杠上，早晚吊几次，坚持下来，对你的肩、颈、腰和脊椎有好处。我也是。正好和你一起加油。每天下班回家，进门前，我也去那儿吊，"呆牛一，呆牛二，呆牛三……"，争取能数到"呆牛十"。

  家里，你的欢声笑语不断。家，因你独特的少女的清纯、幽默，而温暖。我愿意相信，这不只是作业少的缘故。我愿意相信，这是你对初中生活的适应后，对生活、对家长、对生命的热爱和珍惜。真正的骑手爱骑烈马，真正的酒鬼爱喝烈酒。只有烈，才给人以生活的激荡，也使人珍惜激荡过后的那份平静。初中的生活是紧张的，正因紧张，你才能感受回家的那份相对的悠闲，你才能感受和同学一起散步的闹中取静的惬意。

我问你妈，希望我给女儿写点什么。你妈说不上来，我也说不上来。大概是小小的、平凡如我们，很满意女儿的状态，很满意女儿的生活态度。我说："那就说说我们满意女儿的地方吧。"我俩聊了起来，女儿，你听好了——

1. 我们满意你的充满微笑、笑声的生活态度。
2. 我们满意你的学习习惯，早上读英语的习惯，快速作业的习惯，字迹端正的习惯。
3. 我们满意你周一到周五认真学习，不玩电脑和手机的习惯。
4. 我们满意你有周雨乐、戴天仪这样的好朋友。
5. 我们满意你的向上竞争的心态。
6. 我们满意你歌唱得好，钢琴不时弹一曲。
7. 我们满意你早睡早起的作息习惯。
8. 我们满意你对长辈的态度，越来越有教养。
9. 我们满意你懂得怎样花钱，怎样叫节省，怎样叫大方。
10. 我们满意你对挫折的处理能力和抗击能力。

明天爸爸去山东，陪好妈妈，祝你们有一个愉快的周末。

爸爸

2010 年 2 月 25 日，春雨

26. 向上

童童：

你看到这封信，我在前往武汉的动车上。"人在江湖、身不由己。"下半年，我要调整生活、工作的节奏和状态。

好在，你给我带来欢喜、平和，你让我放心、安心。我和你妈私下聊，感谢上苍，你交到了单纯、开朗的好朋友。一辈子，朋友无比重要。你的朋友，往往左右着你未来的走向，爱好的走向，性格的走向。

前些天，我和妈妈惊奇地发现，你房间的桌上多了一张纸，纸上写着：

1. 不为小事流泪
2. 坚强
3. 敢于提问
4. 焕然一新
5. 活得开心
6. 勇敢正视不足
7. 每天做3分钟仰卧起坐
8. 早餐多吃点
9. 每周一次打扫房间

纸的四周，透明胶粘着，很牢固，很倔强。我们还发现，书房的桌上，也贴着一张，上面的内容一模一样。

你妈不无担心地问我：女儿是不是受了什么刺激？

我想是的。不然，不会突然之间冒出两份"誓言"。然而我不担心。一个人受点刺激，很正常。受了刺激，有两种反应，一，自暴自弃，二，奋发向上。从内容来看，女儿的反应是"二"。我对你妈说，你还有什么要担心的吗？

优秀的人之所以优秀，受了刺激后奋发。我从纸条里，看到女儿优秀的潜质。我相信我的女儿，刺激不会使她懦弱，而会使她更健康、更向上、更优秀。

你现在面对的刺激是什么？

——体育。

老实说，我很感谢你的体育老师。我感冒了，你妈感冒了，唯独你，一直棒棒的。这可不是感冒认你是美女，不欺负你，而是感冒怕你，打不过你。一天到晚上课、作业，居然还有如此的体质，不能不说是奇迹。每一个奇迹的背后，都有原因。你不感冒的奇迹的背后，你们体育课的大运动量，大到了一想有体育课，巴望着下雨的地步。

不是所有的爱都是甜的，真爱有时是苦的，体育老师的高强度训练，我更愿意看作是一种"苦"爱。人生五味，哪一味都不能少。人有五脏"心、肝、脾、肺、肾"，物有五味"酸、甜、苦、辣、咸"，苦入心、酸入肝、甜入脾、辣入肺、咸入肾。多年后，我才知道，当年我爱的人给了我太多的伤害；多年后，我才明白，当年我恨的人给了我一生都无法忘却的教益。

对了，建议你那九点意见，写得"文学"点，比如：

1. 泪少流一点
2. 人坚强一点
3. 提问多一点
4. 早餐多吃点

5. 活得开心点
6. 房间卫生点
7. 锻炼勤快点

嘿嘿，没有你的干脆、直白。周末愉快，问妈好。

爸爸

2010 年 4 月 9 日，中午

27. 渐

女儿：

期末考结束了，我手头的活也告一段落，可以看点想看的书。我看书的目的不是消遣，我看书的目的是写书。我要活在方向里、目标里。很多人，一辈子什么也没做成，不是没精力，也不是没能力，而是没朝着一个方向走下去，走下去，走过去。

很少有人沿着一个方向慢慢走10年的。沿着一个方向，以散步的速度走10年，什么路程？可以绕地球走上5、6圈。上次，妞妞姐的老爸说，妞妞姐的大学，和高中差不多。我很吃惊，中学六年、大学四年，一样的速度走10年，能走出一片天地。

初中，开学第一天起，你就没有松懈过，学习上，你具有"'渐'的力量"。"渐"的力量，不立竿见影。"渐"的力量的奥秘，正在于它的"渐"。很多人受不了"渐"，嫌它"慢"。这个连吃饭都要求"快"的快餐时代，懂"渐"的力量的人、行"渐"的力量的人，越来越少。

童童，你完全用不着拼命复习。"渐"的力量深远，永远。拼命的劲，只能维持一时。拼命的劲儿，最大问题是，真把"命"拼掉了，连健康都"拼"掉了，还能有什么？

晚上，我要去乡下，老家有点事。我回来前，你要睡觉，睡着，休息好，明天才能发挥好。休息好，才能一天又一天，以"渐"的力量朝前走。好强，要"强"在自己能接受的尺度里。有一个登山运动员攀登珠穆朗玛峰，离顶峰没多少路了，他选择了放弃，他的身体受不了了。——我很震撼，震撼于他能如此好地把握自己的尺度。一个人要强，要努力，也要拿捏在自己的尺度里。

人在竞争的环境里，容易激发自己的潜能，容易将自己的潜能发挥出来。你要庆幸，自己在一个具有竞争状态的班级里，它给你的影响，也是"渐"而"远"的。你们这一代人的不幸也是"竞争"。竞争激烈的生活，人会患得患失，人会失去平稳的心态和心境。何止你们这一代，我和你妈都承受着激烈的竞争。考学生就是考老师，班级评比就是老师评比。社会上，也到处是竞争，商业的竞争触目惊心，有时候，慢一分钟，损失上万、上百万。你没有办法，我也没有办法，谁也没有办法让竞争停下来。物质越来越丰富，物质的丰富性注定了社会的竞争性。你要幸福一点，快乐一点，你就要有可以说话的好朋友。和好朋友聊天、说说彼此的心事，很多事情，一说出来，心里的疙瘩、心里的结就解开了。

竞争有输赢，输了，哭一场；哭了一场，再笑。说起来简单，做起来不易。然而，经常这样叮嘱自己，经常这样想，这样练习，心灵的世界会宽起来。这也是"渐"的力量。心灵是在一次又一次的挫败中成长起来，成熟起来的。逃避挫败，认为挫败是世界上最坏的东西的人，不懂得生活是怎么回事，活着是怎么回事。

很少有学习上的后进生，承受不了压力而跳楼自杀。跳楼自杀的，往往是那些看似很优秀的学生。为什么？学习优秀的学生总在成功中，他们不懂得挫败，不懂得心灵的成长是怎么回事。——这又算是什么"优秀"呢？

童童，考试既重要又不重要。中学的学习严重异化，学习已经沦为考试，考试成为一场游戏，看谁玩得过。中国的考试和人的成长、人的价值，已经越来越没什么关系了。考得好，不用骄啥傲，那和赢了场什么游戏，差不多。

考不好，不用失啥意，那和输了场什么游戏，差不多。

世上的事，本无所谓"好"与"坏"。"好"和"坏"，只是人为的、并不太准确的规则。真正的智者，能把"坏"事变成"好"事，我们要朝着这样的"智者"前行。盘点一个学期，我问自己，我的意志力得到锤炼了吗？我做事有热情吗？我的同情心得到滋养了吗？

"无恻隐之心，非人也；无羞恶之心，非人也；无辞让之心，非人也；无是非之心，非人也。"庄子的这段话，第一个就是"恻隐之心"，大白话说"同情心"。同情，走得慈；热情，走得欢；意志，走得远，远在"渐"的力量。

爸爸

2010年6月23日，午后14：42

28. 度

童童：

一早，气温高达33度，你在房间看书，我去办公室做事，做完，写信。

前天中午，你在电脑上看电视剧，妈妈不允许，说了你一句，你头一甩，尾一翘，钻进自己的房间，门锁了起来，生了一下午的闷气。也可能你在房间里，生了一小会儿，气早消了，只是不愿意出来。

昨天中午，你不停地摆弄手机，妈妈说了你一句，你头一甩，尾一翘，钻进自己的房间，门锁了起来，生了一下午的闷气。这次，你可能真的生了一下午的闷气，傍晚，叫你去游泳，你不开门，嗡着个声音："不去。"

总算，你肯去了，出房门，见了妈妈做的南瓜饼，吃得有滋有味。看得出，心情好多了。到了澄湖，一下水，你乐开了花。

一个人的坏情绪，首先伤自己，其次伤亲人。全世界那么大，几十亿人，你的情绪再大，对他人全不起作用，起作用的，只有亲人。

人活世上，一定要修炼，如何控制好自己的情绪，如何及时排出坏情绪。有了坏情绪，关在房间里，那不明智，等于给自己一个黑暗的空间，不断地舔自己的伤口，每舔一下，伤口就疼一下。聪明的，到大自然中去，看到广阔的自然，会发现自己的那点坏情绪，很渺小，那点渺小的坏情绪，到了大自然，一下子稀释了，没了。每次到澄湖，我都会仰泳，看着无限的蓝天，水中的我那么小、那么小，水中的我的那点烦恼，那么微不足道、那么无足重轻。

两个下午，你妈为你的情绪而情绪化。我还好，师爷爷的禅法，我最用心的，就是"放下"，坏情绪、坏事来了，我就命令自己"放下"。不让自己陷进去。

你妈说，你是想和同学那样，看 22 点到 24 点的《一起又看流星雨》。你妈看到你两个下午的情绪，说，她小的时候，也很喜欢看电视，妈不让她看，她很生气。现在，我们不让童童看 22 点后的电视，是不是过分了。

我不赞成。我们有我们的生活方式，他们有他们的生活方式。我们每晚 22 点睡觉的时间，不是看电视的时间。

每个人都有自己的学习方式、生活方式，每个家庭都有自己的学习方式、生活方式。每一种方式，有它的优点，也有它的缺点。抛弃自己的优点，羡慕别人的缺点，不可取。说起来容易，做起来不易。很多时候，我们看不清自己的长处和短处，也看不清别人的长处和短处，误将别人的短处看成了长处，误将自己的长处看成了短处。

我就有过这样的错。很长一段时间，我很羡慕别人空闲的生活，我的工作太忙了。现在我知道，我的"忙"正是我的优势。我的"忙"，才让我 6 年出版 6 本书。很长一段时间，我羡慕不上课、不带班的老师，现在我明白，正因为我带班，我有压力，我的实践、研究才会不断深入，不断地有新东西。

童童，你看《像傻瓜一样去爱》，漏看的，我们帮你网上找，看完整。不过，要有个"度"，不能什么电视都看。爸爸、妈妈就是帮你把"度"的人。初中了，都有手机，可以，不过，一有空就摆弄手机，那不行，过头了，过"度"了。做什么事，都要有个"度"。一个人的学生时代，也就十来年。这十来年，或许活在分数里，后面的几十年，却是活在自己的心态里，活在自己的"度"里。

四月份，我给你的信里，举了你桌上的话。我最喜欢第一条"不为小事流泪",第五条"活得开心"。书桌上的纸条还在,纸条的主人却把它给忘了。坚持最可贵。桌上的9条,坚持做,可以让任何一个人,走向非凡和杰出。

爸爸

2010年8月13日,去潍坊讲课前

29. 逆转

童童：

　　祝贺你，获得了保送生的资格。上学期期末，因下雪，考了三门，提前放假。物理"滑铁卢"，你的排名落后了。开学初，考了另两门，你一下子上前20多名。只有战到最后一刻，才分胜负。2004年雅典奥运会上，美国射击选手埃蒙斯在预赛落后2环的情况下，奋起直追，不只把排名第一的贾占波压在了第二，还遥遥领先。最后一枪，埃蒙斯只要打出一个7.2环，就可以夺冠，没想到却打错了靶。贾占波起死回生，获得了冠军。体育比赛中，反败为胜的事经常发生。乒乓球比赛，先输三局，后面直赢四局；跳水比赛，先比分落后，却后来居上。谁能咬住牙，不声不响地往前冲啊冲，谁就了不起。不为前面的失误，影响后面的发挥。这次，你获得了心理上的锻炼。

　　寒假里，你一直微笑着过年。我知道，你并不很开心，你的微笑，有伪装的成分。起初或是装，装着装着，习惯了，就成真了。《水知道答案》说了，良好的心理暗示能带给人良好的状态。童童，哪怕是伪装的微笑，我都为你骄傲。你的微笑，至少让妈妈放下了悬着的心，这就是"懂事"。这次考试，你的收获还在于，面对困苦，依然能微笑着生活，这太了不起了，也太重要了。人活着，就会有挫折，你现在明白了吧，愁眉苦脸对事情的解决，一点用也没用。笑着用行动去改善问题，解决问题，是最明智的，也是最快乐的。

  物理没考好，考的时候，你说"心慌意乱"。很好。经历"心跳"的感觉，"慌乱"的感觉，非常有用。没有一个长大的人，不经过挫折。挫折是真正成长人的。成功给人的是什么？飘飘然，陶醉，翘尾巴。挫折使人厚重，使人沉稳，使人宽容（体会受挫难受的人，才知道体贴别人，宽容别人），使人打不垮。

  再次祝贺童童，这次经历，睡前思索一下，里面的点点滴滴，会对你后面的日子，很有用。真的。

爱你的老爸

2011 年 2 月 21 日

30. 惑

童童：

这次，谈三个你困惑的问题：

1. 人为什么活着？

人的活着，不同于猪的活着、狗的活着，最大的区别在哪里？不是打扮得漂漂亮亮的，哈巴狗也打扮得漂漂亮亮的。也不是开心就好。猪一见了吃的，开心啊。人和动物的最大区别，叫"梦想"，人有梦想，猪没有，狗也没有。它们只有本能。

我们为梦想而活。一个没有梦想的人，不知道自己为什么活着。一个有梦想的人，一定知道自己为什么活着。人的梦想，有大有小。大的梦想，要化作一个个小的梦想，一步步地去实现；小梦想实现了，在它的基础上，往前走一步，立一个大一点的梦想，就会一步步走向越来越大的梦想。一个伟大的梦想的实现，都从一个又一个的小梦想开始的。一个立志做总统的人，也是从一个小公务员、一个小士兵开始的。每日里做梦当总统，却懒得去跑腿、扫地的人，不是有梦想的人，只是做白日梦。

一个人什么时候会迷惘？小梦想实现了，新梦想还没到来的时候。不要让自己的人生的每一个阶段，失去梦想的支撑。梦想，作为"人"站起来的脊梁。也不要一下子立一个大梦想，梦想可以像滚雪球一样，越滚越大。10

多年前，我的梦想，发表一篇篇小文章；之后，我希望发长一点的文章；之后，我希望能出版一本书；之后，我希望能出版一系列的书；之后，我希望我的一系列的书，能在圈子里产生一些影响；之后，我希望我的一系列的书，至少在小学教师里是畅销的……我的梦想，从《吴江日报》上发表的一篇300字的作文开始的，一个梦想完成后，我往上调了个大一点的梦想，滚到现在，居然也有点模样了。当然，我的梦想还会"滚"下去，还会大起来。

2. 人为什么要"学习"？

这问题说明，现在的学习变味了。真正的学习，不痛苦的。不断掌握新的知识，获得新的能力，感觉自己不断进步、壮大、豁达、明白，学习是自然而然的需要，学习是内心的安静和喜悦。问题是，我们的学习，做各种各样将来没用的题目，不断地考试、排名，带来的压力远大于快乐。因此，这个题应改为：人为什么要做那么多没有用的题目？

我的回答：第一，我们生活在这个"怪圈"里，它疯狂地转动着，谁想从中跳出来，就要承担很大的成本。显然，我们家付不出，只能适应。第二，题目本身或许没用，有用的是，你在"做题目"的残酷的竞争里，锤炼坚忍不拔，锤炼力争第一。题目本身的价值可以否定，"做题目"之外的价值我们不能忽视。一个人，有了坚忍不拔、有了力争第一，他就为实现自己的梦想，打下了最重要的"非智力因素"。

3. 人为什么会自卑？

人的自卑怎么产生的？第一，总看着自己的缺点，总拿自己的缺点和别人的优点比。第二，没有建立起强大的内心世界。有的人，很有钱，然而内心深处很自卑；有的人当官了，手下管了不少人，内心深处很自卑。他外在的东西多了，富了，内在的世界没有富起来，强起来。师爷爷的生活很简朴，在吴江，可以说不好，然而我们很尊敬他，他有强大的内心。我们尊敬的，是这个人本身，而不是这个人外部的容貌、钱财、权势。

自卑不是什么坏事。"自卑"比"自恋"要好。过犹不及，老子的话。人的自卑，用得好，产生动力。自恋的人，真会完蛋。"把自己太看高了，便不能长进；把自己太看低了，便不能振兴"，怎么调整自己？要经常看自己的内心。不能只看外部的世界，人还要闭上眼睛，用心灵的眼睛看自己的内心世界。打坐、禅修，一个手段；写作，写日记，另一个手段。

上午，我们开运动会，中午陪客人吃饭，下午要参加活动。趁空档写的，有点乱。也没来得及读一读，改一改。意思倒说得差不多了。

你也可以给莫浩杰看一看。

爸爸

2011年4月29日，11:12

31. 恋爱

童童：

　　早上，我们看那盆吊兰。吊兰平日放书房里，缺少阳光，很弱，叶子薄，青白青白的，微风一吹，叶片儿打折。如此弱的吊兰，居然也抽芽，那芽，一看即营养不良。

　　吊兰抽芽后，被搬出了书房，放在有光线的地方。夕阳时分，拿到院子里，此时，光线不强，强了它受不起。细心地照顾，那根芽，依然毫无起色。那芽，先天不足，活不长，活下去，也是废物。

　　想到你们班上的几对"小恋爱"。

　　那几对"小恋爱"的"爱情"，多么像吊兰的芽。吊兰还没有长到足够强、足够壮，就迫不及待地抽芽，结果，那芽，活不下去，活下去也长不壮。吊兰呢，要把营养匀给芽，也只能羸弱。

　　我现在能做的，剪掉吊兰上的芽，让吊兰长起来，长结实了，再抽芽。

　　童童，我们家还有一盆水竹。卖主说，水竹的根部长出了根须，它们就活了。四月买来，枝繁叶茂，很喜人。没料想，一天不如一天，绿叶一片接一片地黄，每枝水竹上，只剩下几片绿的，孤零零的。

　　我想扔掉水竹，重买几枝，反正不贵。从瓶子里拎出那几枝水竹，突然发现，水竹的根部，有了白白的根须。哦，看上去枯黄的水竹，活过来了。

下面的事你也知道，包裹在水竹身上的枯叶，全部剥掉，水竹全身显出绿色的杆，枝头绿意轻扬，水竹焕发了生机。

　　如你讲的，必须经历一番"寒彻骨"，才能迎来"又一春"。水竹熬过了一张又一张叶子枯死的疼痛，它过来了，长根了，绽放属于自己的生命力。

　　万物相似。水竹的经历，我们的经历，一样一样的。

爸爸

2011 年 5 月 17 日

32. 家族

童童：

　　这封信，因修订《不做教书匠》，延误了。看着你中考结束，我的眼前，恍惚依然你小学的模样，你伸出的手依然胖嘟嘟的，可爱的胖嘟嘟。而你，切切实实地初中毕业了。

　　下个学期，你就是一名真正的高中生了。

　　昨天，哥哥的高考成绩出来，我没有要马上写的冲动。和哥哥的小学班主任通了电话，我有了震动。

　　妈妈说，今天她加班，我在家里，可以跟你面对面地聊。上午，你和阿姨一起去西山采杨梅。下午，你在家，我也在家，不知怎么的，我鼓不起勇气，和你面对面聊。这个下午，刚下了场阵雨，太阳还没有出来，很舒服的夏日。这么舒服的夏日，我怕没有把握好谈话的节奏、谈话的氛围、谈话的内容，而丢了它的美好。

　　还是写信吧。于我，拿起笔来会更从容些；于你，阅读或许也会更从容些。

　　前天，朱心宜到我办公室来，一见面，讲"保送"，她在苏州园区校读，那边没有。她说你保送了。那一刻，我真为女儿的争气，而温暖。一个家庭，有一个"好爸爸"没用，有一个"好妈妈"也没用。一个家庭的综合实力，上一代、下一代一起努力出来的,一代又一代的人努力出来的,一代又一代的人打拼出来的。一个家庭出一个博士生不稀奇,上下几代,都是博士生,那才震撼人,来自一个家庭的综合实力的震撼。

女儿,爷爷、奶奶都是地地道道的农民。我小的时候,生活很苦,家族的人都不怎么瞧得起我们。上次奶奶还说,有亲戚对奶奶、爷爷讲,哪里想得到,现在你们过得倒是最滋润的。他们说爷爷奶奶滋润,倒不是我们有多少钱,而是我们一大家很和睦,很勤劳,都在努力。爷爷、奶奶这么大年纪,依然早出晚归,做得很开心。叔叔也在打拼,我注定是个老师,却也想在这个行业里,做出点名堂来。——这就是我们一家的综合实力。

将来你考上了一个不错的大学,妹妹管辰也考上了一个不错的大学,那么,我们一家的综合实力,就更上了一层。将来的将来,你的丈夫,很努力,很勤奋;管辰的丈夫,很努力,很勤奋;你的孩子、管辰的孩子,很努力,很勤奋,有出息,那么我们一大家人,一代又一代地向前走,就能有一个综合实力强大的家族。

这是我这一辈子期盼的家庭大事、家族大事。

女儿,你是个学生,没有生活上、经济上的负担。你的主要任务,是不断地丰厚自己,积淀自己。刚才,看到你整理自己的房间,很好,这就是在成长自己。你拿了书去房间看,很好,这就是在成长自己。早上,你和妞妞姐一起去西山,也很好,看看大自然,跟人相处,也是成长自己。沉迷于电视、网络,沉迷于手机、游戏,那不是成长自己,而是毁自己。

昨晚,计老师说,小学里,一个男生跟哥哥差不多,一直落后于哥哥。落后于哥哥的,高考,居然高出哥哥一大截。计老师的儿子学习成绩一直很棒,那个同学礼拜了、放假了,经常到计老师那里去,找计老师的儿子,一起做作业,一起谈学业。

"近朱者赤,近墨者黑",你周围的 5 个朋友的平均值,就是你。哥哥高中的几个朋友的成绩,平均而言,和他差不多。你身边的朋友是什么样的,基本上就告诉你，你是什么样的。

我以前的朋友，北联村的几个老师，我也就是一村小老师。现在，我依然是他们的老朋友，他们也依然把我当老朋友。然而，我不可能像以前那样，和他们黏在一起，我要建立一个新的朋友圈。就身边而言，能进入我所认可的朋友圈的人，能臭味相投的人，不多。我宁可一个人看书、写书、打坐。降低朋友的品质，就是在降低我自己的品质。

高中阶段，一个人的思想、情感形成的重要期。朋友，某种程度上说，比我这个老爸，比你妈这个老妈，对你的影响还要大。打个比方，要是你身边的几个女孩朋友，到了高中，都在谈恋爱，你说你会成为怎样的人？打个比方，要是你身边的几个要好的同学，都是爱打扮，耍小气的，你说，你会成为怎样的人？

看过一篇文章，说"健康的孩子不怕传染"，只要你有足够的"健康"，别人的坏习惯影响不了你。这话，"对"了三分之一，"错"了三分之二，要做到那么"健康"，不容易啊，咱们都是一普通人啊。孔子讲，"三人行，必有我师焉。择其善者而从之，其不善者而改之"，跟行为上、习惯上不如你的人在一起，你就要时刻记住"择其不善者而改之"。好习惯，叮嘱再三，难养成；坏习惯，看一眼，就能记三个月，人性的弱点就在于此。

我和普通老师一样，带着班，有行政事务，每周出一张《班级作文周报》（相当于报社编辑的工作量），每周外出上课，上课前要批对方寄来的几十篇学生作文，每年要出版一本书，每个月要写几个稿件，有的是自己要写，有的还是约稿。

不少人说老爸不可思议，哪来那么多的时间、精力。我只是用了李艾米的法子。我的办公桌上，有一大沓小纸片，记着我每天要做的事，它们大大提高了我的效率。我还发现，做事的效率高，不等于辛苦，反而有成就感。有效率的工作、有效率的学习，恰恰是幸福的工作、幸福的学习。拖拉的学习、工作，没有效率的学习、工作，恰恰是不幸的工作、不幸的学习。

安排好自己的暑假，尽可能地细致。提前完成，就奖赏自己，这是我经常跟自己玩的伎俩。

写了一个小时，就到此。

你刚洗了头，正在吹头发。嘿嘿。

爸爸

2011年6月25日下午15:00～16:25

33. 独立

童童：

你居然高一了，那么自然，又那么突然。

我和你妈还没完全做好当高中生家长的准备，你就去军训了。作为新生代表，你要发言，我们忙着和你一起准备，我们忙着和你一起朗诵，我们忙得不亦乐乎，我们忙得很开心、很自豪。哦，忙碌也可以如此快乐。

高中生活，同学来自各乡镇，各种性格，各种言谈，各种背景，各种喜好，各种价值取向，纷沓而来。将来读大学，同学来自全国各地，色彩更多，更杂，后话。

生活背景不同，价值观也不同。简单来说，有的同学脱口而出"放屁"，或许，他以前的生活环境里的人，都这么说的，"放屁"成了顺口溜。你说好粗啊，也好理解，你生活的环境里，没有人说这样的话。

理解对方，生活教给我们的课程。

一个人要学会保持自己的洁净。然而，又不能因自己的洁净而封闭自己，不与人来往。真正的"洁净"，经得起"淤泥"的考验，"出淤泥而不染"，莲花才受一代代诗人的吟诵和赞美。

童童，要坚守自己的情怀与美德，但不要期望每个人都有你这样的情怀与美德。要学会跟没有你这样的情怀与美德的人和谐相处，一起生活，一起学习，对自己的缺点要能严格要求，对别人的缺点要懂得包容。就像以前我对你说的，对自己吝啬，那叫节约；对别人节约，那叫吝啬，一个理。

学着跟各种各样的、各个类型的同学和老师交往，了解社会有着各种各样的人。了解，并不意味着苟同。警察要经常和罪犯打交道，警察要了解犯罪的人的心理，然而警察不会因此成为罪犯，好的警察，正是在接近罪犯的过程中，自己的信仰、信念越来越清晰、坚定。只有那些意志薄弱的警察，经不住诱惑的警察，才会被罪犯同化，沦为阶下囚。

了解，去懂得人、人性、社会的复杂多样。了解，去开阔眼界，开阔心灵。了解，起初或会郁闷，怎么会这样子，怎么可以这样子？过一阶段，你会释然，生活如此多样，如此不一样；生活本来如此多样，如此不一样。

高中，你们从渴望成熟、又很青涩的少年，走向渐渐成熟的青少年。成熟，跟自然的岁数的增长，不成正比。有的人活了一辈子，依然不成熟，成熟的重要标志是"独立"。独立有两种：经济上的独立和心理上的独立。你们当然还做不到经济上的独立，你们要做的是心理上的独立。

对服饰有自己的爱好，对偶像有自己的评论，对生活有自己的看法，对学习、对未来有自己的安排。心理上的独立，还在于信老师，又不迷信老师。我和你妈妈都是老师，我们都是普通人，有血有肉的普通人，也会发脾气，也会做错事。老师也是人，老师有他的见解，那见解不一定是真理，也不一定是歪理。或许9分是真理，1分是歪理；也或许7分是对的，3分是错的。你要能挑出那不需要的1分、3分。

要有自己的独立的思考。独立的思考与见解，不是"独断"的见解。独立是好事，独立过头，独断，那就坏了。酒是好东西，喝多了，喝高了，不好。独立的人易独断，易自以为是，以为自己的想法都正确，是真理。

心理上独立的人，不独断，自己的思考会与人交流、分享，交流、分享中，调整自己的见解，完善自己的见解。

很多人说高中生活辛苦，也不一定。我的办公室对面，工人在修公路。

烈日下干活，自然辛苦。然而他们流着汗，说笑着。爷爷外出做工，和老哥们抽点烟、喝点酒，侃点山海经，很累的活，却很快活。

事情本身无所谓苦不苦，苦不苦在于你做事的心态。有好朋友一起学习，有好朋友一起关照，有好朋友一起聊天，那很重要。朋友不用多，三两好友，可也。高中，留意新友谊。朋友要刷选，朋友要彼此尊重，朋友要包容对方的缺点。

高中生活会有风雨。有故事、有曲折，才有味道。不喜欢曲折、不喜欢风雨的人，成熟不了，也独立不了。坦然地面对曲折、风雨，曲折、风雨来了，不慌张，来就来，那就独立，那就成熟。

曲折来了，风雨来了，怎样尽快地从中走出来？倾吐。向爸爸妈妈倾吐，向好朋友倾吐，用笔倾吐。幸运的话，你可以向信任的老师倾吐。

最好的、最不麻烦人的，是用笔写下来。多年后，看到文字，又能忆起往事。睡前，10分钟，不求成文，只求记录，只求倾诉。

高中，独立的开始，成熟的开始，淡定的开始。

爸爸

2011年8月28日，一个美好的日子

34. 休息

童童：

很抱歉，高中的第一次家长会，老爸没有参加。

好在，一到家，你妈就给我补课了，会上听到的、记录的，一股脑儿塞给了我，并说："孙老师说，每个家长都要给孩子写封信。"写信于我，实在不是什么事儿。我也早想写封信给你。换到了新校区，实在忙，拖到了现在。

你妈给我报告了很多好消息。你妈说，你听了，保管感冒都好了。

你妈说，孙老师说了，管童会安排时间，能用好多出来的时间，这"多出来"的，正是高中生走向哪所大学的关键。

你妈说，孙老师说了，假期里的作业，家长要检查，字迹端正不端正，有没有没做的，不过像管童这样的学生，不检查也不要紧。

你妈说，孙老师说了，管童这孩子要好好培养，将来一定会有大出息。

正像我希望你妈为有我而自豪，身为父母，自然也希望为有你而自豪。你做到了。为此，你没有少付出，要流多少的汗和泪啊。老爸走到今天，又有几个人知道，所付出的愁与苦。天下没有免费的午餐，世界的公道所在。我老老实实、毫无怨言地接受勤奋、努力，接受流汗、流血，只要我的勤奋、努力，我的汗水、血水，能换来自信、自尊，能换来家人的快乐、幸福，抬起头来走路，值。

我和你妈都认为，一个女孩子，并不一定要有什么大出息。要活得快乐、自信，能挺起腰来走路，有内在的底气，而不是外在的iphone4和ipad2。这几年的你，正在为自己养育内在的底气。

最近，《小学语文教师》给老爸做了专辑。专辑里，谈笑的老爸，谈永康伯伯，为我写了《慢慢地走》，很合我意。我要慢慢地走，不停步，小步子，走长了，走久了，能跑得更远，更有持久力。长跑，不停地冲啊冲，没跑到终点就趴下了，送医院了。

三年高中，一场长跑，要处理好学习和休息。孙老师说，午休要休息好。我赞同。我很忙，中午也会关上办公室的门，20分钟，打一个坐。一天的学习，14个小时，午休一下，你的续航力，会更好，更强大。20分钟静坐后，我全力工作，直到下班。我一点也不认为那20分钟浪费了。全力工作，"暗时间"都上了，所用上的"暗时间"，早超过了20分钟。

第一次月考，那么好，出乎我们的意料（或许也出乎你自己的意料），这证明了你的实力，也引发了我们的担忧（或许也是你自己的担忧），后面的路怎么走？

女儿，我们对你的要求，从来没有这么高，小学也好，初中也罢，我们都没有这要求过你，真的。我们对你的第一要求，开心。每天回家能和爸妈说几句话，聊聊学校里可爱、可恨的事。你的开心，对于我们（对你自己也是），比第一名更重要。不幸的第一名，远不如幸福的末一名。

开心，跟作业的多少、考试的成绩的好坏有关，但不画等号。开心，和一个人的心态有关，能否及时与人交流内心的苦闷，能够及时排除掉内心的郁闷，高中三年，你要经受的考验。上课、讲座，砸了，我常看着自己的心，看坏心情能在心里待多久。看着看着，坏心情就跑掉了。

学习、学习，要"学"，要"习"。"习"是"练习"，也是"自习"，不管怎样解释"学习"，女儿，你都做得很好。学问、学问，要"学"，要"问"。你问了"物理"，没多久，全懂了，压在心上的石头搬走了。老师上一节课，

45分钟，平均分给学生，一人一分钟。课后，主动问老师五分钟，某种意义上讲，那等于多上了好几节课。

你经常去问五分钟，经常多上了几节课，午间休息20分钟、30分钟，怕什么呢？

期待孙老师布置下一封写信任务，我很乐意。

老爸
2011年10月18日，写毕19:49，改毕20:05

35. 美

童童：

　　祝贺你，又赚了一千七，加上"唐仲英奖学金"，高一的学费都出来了。读高中，居然能赚钱，开心。

　　明天秋游，轮到戴天仪羡慕你们了。延迟享受，心中藏着一个没有享受掉的"享受"，人特有的"享受"。小猫、小狗，有了就吃，吃光了，也不管下顿"有"或"没有"。

　　理性，能让我们生活得更美好。理性来自思考，思考让人走向理性。

　　这两天，看到你为体重发愁，引起了我的思考。或许，我的思考，上帝会发笑，青春的你会发飙，然而，我们必须思考。

　　十六年华，爱美，天经地义。关心身材，天经地义。有人来听课，时间来得及，我也会洗个头，换上精神点的衣服。一个老男人尚且如此，十六少女，理当如此。

　　年轻的我也发愁。不为体重，为身高。那时，做梦都想175 cm。嗐，瞎想，身高的事，已经定了，再想，自寻烦恼。叔叔比我高一截。命中注定，老天给的，没办法。"老天给的"，不是父母。父母都想给孩子完美，完美一点再完美一点。很多事，爸妈都做不来主。老天做的主。

　　老天为何如此？大概只有用上辈子积的德、作的孽来解释了。这么想，我们只有这辈子多积一点德,下辈子争取做个帅哥或美女,或等你结婚了,生一个漂亮的小 baby。老天给的美,也有定数,用到 35 岁,差不多了。多年前,我写过《看不到自己的脸》。人的脸,30 岁以前,老天给的;30 岁以后,自己挣的。现在,衰老延迟,改为 35 岁。

全拼输入,会同时出现"魅力"和"美丽"。"美丽"不等于"魅力"。没有内涵的人,所谓的花瓶,看起来很美,没什么魅力。35 岁后,人的美,不再是外在的、老天给的,而是内在的、自己挣的。

你妈就很有内涵。家里家外,认识她的人,都说她和气、大气,都说她人好。奔四的女人,要身材没身材了,然而,她的魅力没有消退。韩红那么胖,按理说,整天愁眉苦脸算了;人家活得很潇洒,很快乐,很有魅力。冯小刚、葛优,那么丑的男人,人家真的很有魅力(几年后的马云,更是)。

不美,不等于没有魅力。

很多外表不美的人,努力地给自己添内在的魅力,结果,人家说,你很酷,很有型。很多外表很美的人,只想靠外表过好日子,黄花老去,日子只能一天不如一天。

既有外在的美,又有内在的美,两个美都走向完美,那是人类的理想。这样的"完美",一点也不比吴江中学出一个"省高考状元",来得简单。老爸活了 40 年,算是明白了,身高问题,不是我的问题,老天的问题。我只做我的研究,我的学问,专心给自己画 30 岁以后的脸。

韩红要是心思放在减肥上,我们还会认识一个红遍全国的韩红吗?这个门不开,那个门等着你。我这么说,不认识你的人,还以为你胖成了韩红。你只是结实,看不出胖。很多女孩子,以"瘦"为"美",越瘦越开心,好比古代裹脚女人,以"脚小"为"美",越小越美,美得变味了,或许能叫"变态"。处在"变态"中的人是不知道变态的。裹小脚的女人,以及要女人裹小脚的那些男人,不知道自己正在做一件很变态的事的。

童童,高中三年,才开个头,开个头就瘦得不成样,能扛过去?想瘦一点，也不能一蹴而就。妞妞姐也不是一读高中，就瘦成现在的样。

外在美和内在美，时间、精力的比例，大概二八开。二分，外在的美；八分，内在的美。女孩跟男孩，不一样，那就"三七开"。人的魅力，也看综合实力。外表，老天没有亏待你。内在，要看你自己。两者合一起，成就一个人的综合魅力。

老爸

2011年11月12日，11:20写毕，改毕13:15

36. 看淡

童童：

　　这些天，老爸和你一样忙。

　　周五去深圳上课，课还没备好呢。

　　《扬子晚报》的征文评选启动了，作为评委，周六要完成初评。

　　教育局来通知，下周三上午要开课。天哪，下周三的下午，早约好去南京讲课。

　　《莫愁》杂志的编辑来催我，这个星期要交稿。

　　这些，都是正常工作之外要做的事。

　　我对你妈说："多就多吧，反正，一件一件地做，总会过去的。"

　　越忙，越要看开，看淡，这是我的经验，一条迟到了的经验。

　　《格言》还是《知识窗》上说，你要成熟，至少要失恋一次、失败一次。很有些道理。失恋也好，失败也好，都会让人进入低谷。从低谷爬出来的人，才知道阳光的好。也有人失恋后，一辈子走不出来，很阴郁。这样的人，不多。绝大多数，都能走出来，早一点、迟一点、快一点、慢一点而已。

　　笛福在《鲁滨孙漂流记》里讲：害怕危险的心理，比危险本身可怕一万倍。

　　真的，害怕考试的心理，比考试本身可怕很多、很多。

好心态，不是天生的。只要你专心于"事情本身"，不要太关注事情的结果。心思到"结果"上去了，马上拉回来；心思到"不愉快"上去了，马上拉回来，经常这样"拉"，你就能控制自己的心态。真的。

你总朝着担心的结果上去想，朝着不愉快的事情上去想，对事情本身没有好处，还搞得自己心烦意乱。心烦意乱之下，事情也往往会变得更糟糕。

尽量不被别人左右自己的情绪；尽量不被失败或成功左右自己的情绪。尽量短的摆脱别人对自己的情绪的影响；尽量短的摆脱成功或失败对自己的影响。以前，读范仲淹的"不以物喜，不以己悲"，只当课文念，现在才知道，范老先生修炼出来的境界，真了不得啊。

有个老太太，整天愁眉苦脸。晴天，她担心小女儿，小女儿卖雨鞋，晴天卖不出去。雨天，她担心大女儿，大女儿卖遮阳帽、太阳眼镜的，下雨天卖不出去的。

有个智者，对老太太说："你为什么不换个方向想呢？下雨天，你就想，小女儿的生意好了，我该高兴啊。晴天，你就想，大女儿的生意好了，我该高兴啊。"

那老太太恍然大悟，以后，每天都笑眯眯的。

同一件事，你可以看出"悲"，也可以看出"喜"，我们努力要做的，尽量地看出生活的"喜"，尽量忽略生活中的"悲"。

我们做老师的，很容易看到学生不好、不足的地方。每次看到学生不好、不足的地方，会生气，自己很不开心，学生听了你的批评，也不开心。我要求自己，每天表扬三位学生，每天，我都要强迫自己，看出学生的可爱的、美好的一面。我快乐了，学生呢，哪有学生不喜欢夸他们的老师呢。

我做的，其实很简单，和那个老太太的转变，完全一个样。

上次你跟冯吉说，我们哭，也要笑着哭。牛！谁能丢掉心上的压力，谁就是王者。谁能每天笑着上学，笑着回家，就是王者。

我们班的张艺菲小姑娘，她有一句名言，人生是一杯苦咖啡，你觉得苦涩，就要自己加入适量的糖。

不知道是她自己的感受，还是哪里借来的。

舅舅、舅妈不也过得很开心？叔叔、婶婶不也过得很开心？爷爷、奶奶不也过得很开心？我们这样的平凡人，有什么大不了的事，整天苦恼的？

女儿，高中三年，不在于你能学到什么知识，考上什么大学，你所学的都会过时。而是你承受了那么大的压力，你有了承受压力的经验，我们这一辈子，总会有这样那样的压力，朝你砸过来。

高中，你遇到的真正的、强大的对手，可能不是别人，而是你自己。

一学生在日记里跟我说心里话。

她说，她很喜欢管老师，老爸却一直说管老师这个不好，那个不好。说管老师自恋、自大。说管老师的《周报》办得不好，说管老师的课外阅读抓得紧，说都是管老师的语文，导致你的数学、英语下降等等。

我给她留言，你老爸说得没错，每个人都有缺点，他正好看到了我的缺点。

委屈的时候，正是练胸怀的时候，当我的胸怀练得跟大海一样大了，还有什么愁闷装不下去呢？

我知道你现在面临的压力。我不准备替你承受压力，也无法承受你的压力，我也不应该承受你的压力。每个人都得自己承受自己的压力。大气压永远存在，没有大气压，人没办法活下去。生活永远有压力，没有压力就没有生活。

这不是悲观，而是面对。用微笑、用坦然、用开放而不是封闭，去面对，跟戴天仪打个电话，跟老妈逛个街，都会使人坦然起来，豁达起来。

爱的使者是微笑。微笑着对自己就是爱自己。微笑着对别人，就是爱别人。

你看到这封信的时候，或许我在飞机上。

每次飞机起飞，我会想，要是飞机出事了，我要留给女儿一句话：老爸爱你，希望你好好爱自己，好好爱妈妈。

老爸

写于 2011 年 12 月 15 日，改于 12 月 16 日

37. 面对

亲爱的女儿：

今天儿童节。再 7 天，你就 16 岁了。

17 岁，有没有"儿童节"，我也搞不大懂。

18 岁，法律上的"完全责任人"；16 岁，半大人，法律上的"半责任人"。

我总忘了，高中的你还是"儿童"。我过早地以为，你已经长大了。此刻静下来一想，16 岁后，你才"半长大"；18 岁后，才是法律意义上的"全长大"。

"半长大"，你在高中，一半时间在学校，一半时间在家里；18 岁后，你将离开我们，到大学，住校，过完全的、自己的生活，像育新哥、妞妞姐。

"半独立""半长大"的日子，压力最大的日子。我和你妈没经历过高考，没受过那么大的压力。中考，我们几个男生怕睡不着觉，买了安眠药。事实呢，那几天，好睡得很。

妈妈起得早，为你准备对她来说绞尽脑汁的早餐，她希望用这个方式，传达她的疼、她的爱。晚上，我们都在灯光里，等你回家。有的时候，我累了，小睡一阵，你妈会催我："女儿快回来了，你要给女儿一个有精神的家。"

大多时候，我会一咕噜起床。我想以这样的方式，默默地支持你。亲爱的女儿，三年高中，我们一直默默地站在你身后，我们要和你一起跨越高考，迎接美好的大学生活。

我们不懂高中的英语，不懂高中的数学，也越来越不懂高中的语文了。没关系，这，不妨碍我们对你的全力支持。

我们支持你的沉默，支持你的不满，支持你的愤怒，支持你的牢骚，支持你自虐般的学狂。我对你妈说，这个年龄，这样的举动，正常的，女儿这么做，有她的无奈，也有她的安排、她的认识。

高中以后的路，我们能帮的忙，越来越少。犹记得初中，妈妈帮你上网，查阅不会的题目，然后和你一起研究，一起分析。有的时候，看了网上的答案，悄悄给你一点提示，你顺着提示往下一想，会了……现在，这点小忙都帮不上了。

妈妈站在你的身边，所有的担心都在心里。妈妈担心你的早餐吃少了，不利于你的胃。妈妈担心你的锻炼少了，不利于你挺拔的身姿。妈妈担心你的睡眠少了，不利于你身体的生长，你才16岁，还有长的空间。你的眼镜的度数增加了，妈妈担心。你瘦了，妈妈担心。你的排名上去了，妈妈担心你有压力。你的学习排名下去了，妈妈担心你的承受力。

高中，我们以这样的纠结，和你站在一起。不论高中有多苦、多累，我们始终站在你的身旁，希望给你勇气，给你力量。伤心的时候，给你一个可以哭泣的家；疲惫的时候，给你一个可以休息的家；愤懑的时候，给你一个可以渐趋平和的家……

下雨了，妈妈给你的伞，不接。

吃饭了，妈妈给你的蛋，不接。

天凉了，妈妈给你的衣服，不接。

口渴了，妈妈给你的水，你撂一句：这么烫，怎么喝？

留下妈妈在后面喊着：你的眼药水……

我跟你妈说：没事的，孩子就是伤最亲的人。真到了外面，不会这么不通情达理的。

童童，我们同步了。我们睡一样的觉，我们起一样的床，晚十点的老时间，我们顶着星光一起"上吊"。

这些，一定会成为我们家最美的回忆，正如你的初三，我们一起顶着星光跑步；院子里，你扔实心球过来，我在那端接着，你妈在一旁兴奋地喊着："好，好，童童你有进步了！""好，好，童童已经过线了！"——哪里呀，还差那么一截呢。

困苦，谁都不想拥有。困苦，又谁都逃不开。困苦中的日子，煎熬丛生。走过困苦的日子，进入回忆的困苦，又是人最好的财富，最好的精神底色。多年后，回味高中的三年，一定是我们家最难忘的、最有话来唠的。

上周日晚，要求回校看电影。你不想去，情绪不好，最终还是去了。晚上回来，你有说有笑。你妈欣慰："去了，童童的情绪倒还好。"不去，在家里，心里不踏实，情绪反而不好。去了，面对了，不过如此。

这个月，我的牙龈发炎，现在还不怎么能咬东西。那天去看牙，医生说，要刮一下，牙龈上发肿的脓血，刮出来。也没要上麻药，看自己能否挺过。嘿，面对了，疼过了，挺自豪的。刘伯承般地数医生在我的发肿的牙龈上，刮了几次。刘伯承是对的。"数"，就是面对。"数"了，精神上的疼痛反而减少了。

这几天，你眼睛不好，放了句狠话，希望"红眼病"，请病假，逃月考。说说罢了，真要你请假，落下一两个星期的课，你会急死的。然而，这里头，多少有"逃避"的念头。逃得了一次，第二次、第三次呢？只会更担心、更害怕。

"脱离苦海"，不是"一死了之"。佛是很积极的，智慧的，接受它，面对它，不当它回事，这才是佛想说的。

亲爱的女儿，今天，你的最后一个儿童节。此刻，老爸在深圳，不能当面跟你道一声"儿童节快乐"。早上，几次想开口，又忍住了，让信里的文字,帮我默默地说吧。

送你的小礼物,喜欢吗?韩版的个性电子表,女生专用,希望你喜欢。

爱你的老爸

写于 2012 年 5 月 30 日,改于 2012 年 6 月 1 日

38. 烦恼

童童：

生日快乐！

你16周岁了，"半大人"了。

巧了，我的第一颗牙齿，就在这个时候，永远地离开了我，这是一件颇为沉重的事。它告诉我，你开始衰老了，你开始走下坡路了。

每一个美好的、充满活力的青春的背后，都有两个曾经美好的、充满活力的身体，渐渐有了皱纹，有了疲倦，有了这不舒服、那不舒服。

你约几个同学一起过生日？你答，听说去同里，她们似乎很不屑。我答：诚恳地邀请，你的事；同学的态度，她们的事。

前天早上，你妈说"早上冷"，校服披你身上。你不理。你妈背着你，冲我无奈地笑了笑。隔了一天，你妈说："童童和同学有小矛盾，才不开心的。"

怎样和同学相处，这能力，不是做题目做出来的，不是看书能看出来的，它在人的交往中练出来，而且，往往跟不太好交往的人的交往中，才能练出来。我也帮不上你什么，渐渐长大，很多事情，要你一个人去扛，我以为，这是一个人的骄傲。什么事都要父母出面的人，才是可耻。当然，那并不是说，父母一点用也没有。你若觉得，有必要跟我们说，要我们出点主意，我们很乐意。你若觉得，没必要跟我们讲，自己慢慢消化，慢慢解决，那也是很不错的选择。

中国的学校没有教这门重要的学问，中国的学校怕永远也不会教你这门学问：怎么跟人相处。这一点上，我也做得不好。我也没什么发言权。我倒从你妈身上学到不少东西。

舅舅家正在造房子。为了地基的事，外婆、外公，跟晓萍阿姨的爸爸、妈妈，有争吵，还很激烈。你妈始终说，老一辈的恩怨，老一辈的事；我们和晓萍阿姨，我们这一辈的事。我跟原来一样，叫晓萍阿姨坐爸爸的车；我们跟原来一样，请晓萍、晓玲阿姨一起吃个饭、聊个天。现在，晓萍阿姨的爸爸妈妈，搬到外面去住了，矛盾也就此消解了。

从你妈的身上，我学到了"宽容""大气"，学到了"一事归一事"，而不"株连九族"。跟同学的交往，以后跟同事的交往，有了这些，就不会有问题。

去年生日，我说，妈生你很痛苦的。你回，小孩出世更痛苦。

人，从痛苦中来，又在痛苦中去。在你16岁的今天，爸爸希望你接受这个事实：人活着，就是三千烦恼。烦恼之于人，一道家常菜。来了个烦恼，不要太当回事，人生就有那么多的烦恼。处理了一个又一个的烦恼，再有烦恼来，你就不当回事了。

你的手嫩，拿着锄头，一会就有血泡。爷爷的手，锄头拿多了，拿久了，再怎么拿，不会有血泡。烦恼也是，青春期敏感，烦恼刚起步，反应自然大些。烦恼的事来多了，处理多了，心头有老茧了，也就不觉得怎样了。

考试好了，有烦恼；考试不好，有烦恼；穿衣服，有烦恼，买衣服，有烦恼；吃饭，有烦恼；不吃饭，更烦恼；买手机，有烦恼；不买手机，也烦恼；胖了，有烦恼；瘦了，有烦恼；矮了，有烦恼；高了，有烦恼；缺钱，有烦恼；钱多了，也有烦恼；当上官，有烦恼；当不上官，也有烦恼……

受批评，谁都不舒服，有烦恼；受表扬，也有烦恼，别人会不会妒忌，背后会不会说坏话？做不出成绩，有烦恼，怎么这么没出息？做出了成绩，人家看你有能耐，这个人找你办事、那个人找你办事，也烦恼。今天做出了成绩，不代表明天能做出成绩；明天做不出成绩，人家说你江郎才尽！

中国的学校，没有这门重要的功课，也永远不会有这门重要的人生功课：如何看待烦恼。

亲爱的女儿啊，人生的烦恼就是那么多，人生就是由一连串的烦恼组成的。你真没有了烦恼，这事本身也让你"烦恼"——人生怎么这么平静，风平浪静的，你倒是来点风波啊！

照这么说，人还怎么活啊？

人，当然不能这么活着。我们的智慧在于，能看开烦恼。

钱多了，不会把钱当回事。文章多了，现在的我对发表没啥感觉。烦恼多了，也一样，不当回事了。有了钱，还把钱看得紧的，小气。经常发表文章，还跟人说"我发表了"，浅浮。债多不忧，欠的债，太多了，你还忧什么、愁什么呢？忧没用，愁也没用，索性不愁。

看开，要在一次次的烦恼中，练出来。每一次的烦恼，都是练习如何"看开"的机会。烦恼来了，你可以去运动，运动中忘记烦恼。你妈希望你打球，我赞同。烦恼来了，没时间运动，就全身心地工作，在工作中忘记烦恼，像我这样的工作狂，也只能如此。

上个星期，任老师和我联系。上次数学你没考好。任老师说，他找你谈话，你给他的印象，"很淡定"。任老师说，他很欣赏你的淡定，高中生要淡定，要 hold 得住。

你妈说，女儿只是表面淡定，心里头并不。我说，至少当时淡定了，哪怕装出来的，也好。一个人遇到不顺心的事，装出的豁达、不计较。装了一次又一次，装了 100 次，就是"达人"了。这个"装"，就是控制自己，就是改变自己的起点。

有的人，连"装"都懒得装，那就永远不可能改变自己，也永远不可能控制自己。

将来你会明白，在某个场合，装出来的淡定，装出来的不介意，装出来的大度（心里其实还是有点酸溜溜的，不舒服的）——这样的举动，很重要。

这也是人的修养的重要组成部分。

女儿，今天是你的生日，16岁的生日。你曾经是我和你妈的作品，现在不是。现在，你是这个作品的主人，你将担负起完善自己这个作品的责任。

我们永远愿意帮助你。然而我们也只能是帮助，而不能替代。

生日快乐！

爱你的老爸
写于2012年6月7日，2012年6月8日中午

39. 朋友

童童：

祝贺你，走过了传说中最为艰苦的"小高一"。今天，本该一家人好好放松一下，我却外出了。对不起。

一年来，困扰你的，主要有两件事：一，成绩；二，朋友。

关于"成绩"，对你一年来的学习状态，我和你妈非常满意。我和你妈都是老师，自然懂得"过程比结果更重要"，自然懂得有了好的学习习惯、学习节奏，学习也就从容、稳定。

爸爸想和你谈谈"朋友"，嘿嘿。

小学里，我也有好伙伴，天天在一起，一天不见，好像少了点什么。如今，没有一个小学同学，一起吃顿饭，聊聊过往。海林叔、皓宸老爸，小时候，我们仨一起上学，一起放学，一起割草，一起打架，出了名的要好。如今，回老家，也不大走动，也说不上什么话。皓宸爸，已经去世了。

初中毕业，有两个同学到我家吃过饭，我也到他们家吃过饭。那个时候，专门去同学家里吃饭，表示认"兄弟"，而如今，我跟他们的联系，一年也谈不上一次。一个叫兴华，住严舍村，如今干什么，我都不知道。他儿子上初中，要去青云，找过我。一个叫世明，住斜港村，有一阵子，听说做彩钢板生意，如今做什么，我也不知道。

毕业了，工作了，我在村小，和北联小学的陆老师、曹老师、郅老师，交往甚密，如今不过一年聚一次。当年最为要好的陆老师，提前退休在家，要没什么红白大事，也没见面的机会。我请他出来吃饭，碰个面，他也总不出来。

小时候的朋友，只是小时候的朋友；中学里的朋友，也只是中学里的朋友，朋友是有阶段性的。我当然相信，有的人很幸运，小时候，青梅竹马的朋友，长大了，还常来常往，只是我没这个福分，我也不怎么伤感。这阶段，有这阶段的朋友；那阶段，有那阶段的朋友，也没什么坏处，至少，能让人去结交不同的朋友，了解不同的社会。

女儿，你出生在教师家庭，你的观点跟出生在商人家庭的同学，可能很不一样；跟出生在官宦世家的同学，可能很不一样。你出生在一个完整的家庭里，有爸爸，有妈妈，有爷爷奶奶，还有外公外婆。家庭不完整的同学，他们的情感世界，跟你也会很不一样。你没有亲兄弟、亲姐妹，那些有亲兄弟、亲姐妹的，他们的生活体验，你也感受不到。

结交不同的同学，有意无意中，你会了解到不同的人，不同的生活方式，不同的情感，不同的观点，不同的选择。这对于成长，实在很有必要。真正的教育，让人认识社会、认识世界、认识自我。很遗憾，我们没有办法、没有力气跳出中国的教育。

然而，也不是一点补救的办法也没有。只要你留心身边的同学，你就能从他们身上学习到很多学校的教育不教你们的、真正有用的东西。你能从泼辣的同学身上，学到"该出手时就出手"，也反思到"该谦让的时候要谦让"。你从懦弱的同学身上，学到忍让，也反思到"过度忍让即危害"等等。

我们吴江，有一位父亲，辞职在家，教自己的孩子。他的孩子不上学。此事有过很热的讨论。绝大部分人认为，自己不会这么做，一个重要原因，孩子会没有同伴的交往。有人说，怎么没有呢？可以去跟亲戚、同事的孩子一起玩，成为朋友。

那样的理解有点浅。

跟亲戚、同事的孩子一起玩、交往，可以选择。你高兴，跟他玩；不高兴，不跟他玩。反正，一会儿回家，不见面了。下次想起来，还是不高兴，一辈子不见面算了。同学的交往，有强制性。你跟同桌不怎么合得来，却不能为此不去上学，还得做同桌，还得有接触。班级里，有看不惯的同学，看不惯的做法，还得去上学，还得去看不想看的事、听不想听的话。

——这叫"强制性交往"。社会上，常有"强制性交往"，不得不跟不喜欢的同事一起吃饭；不得不参加不喜欢的交际，多着呢。"强制性交往"，也非一无所获。相反，只要有心，你能从陌生的、平时不去接触的人事中，了解很多内容。吃饭，容易吃自己喜欢的，不吃自己不喜欢的，这不好。要吃不同的食物，看不同的人和事。

你说，和一些同学合不来。

这不是坏事。你有个性，有自己的看法；没个性，没看法，羊来羊好，猫来猫好，你不会有苦恼，却也不会有自我。

人，要有点个性的。没有个性，也悲催。

人，又要能理解别人的个性，接受别人的个性。

"我不同意你的观点，但我誓死捍卫你说话的权利"，伏尔泰的名言。稍作改变，"我不喜欢你的个性，但我誓死捍卫你拥有自己个性的权利"。保存自己的个性，也宽容别人的个性，接受别人的个性。说了那么多，要给你一个公式：

朋友≠知己

知心的朋友，无话不谈的朋友，称为"知己"。朋友，可以有很多。知己，知音，可遇不可求。有的人，一辈子都没有。幸运一点，一辈子遇到一个。俞伯牙遇到了一个，钟子期。钟子期死了，俞伯牙砸了琴。知心朋友叫"知音"，缘由大概在此。

童童，你比我要幸运。

小学里，有周雨乐，无话不谈。因你俩，我们和雨乐的爸妈都成了朋友。初一，你和雨乐分开，常唠叨没有好朋友。初二，出现了天仪，你们成了无话不谈的好朋友。高一，你和天仪分开了，紧张的高中生活，你为没有天仪那样的朋友而苦恼。谁知道呢，后面的日子，你的好朋友，又会是谁，在哪里出现。也有可能，你的下一个知己，不是同学，而是其他人。俞伯牙哪想得到，自己的知音，不是同门师兄弟，而是一个打柴人呢？

　　当年，老爸失恋了，很痛苦，心碎了不知多少次。谁知道呢，三年后，你妈出现了。我很肯定地告诉你，要不是你妈，老爸不可能有今天的成绩。

　　谁知道呢，更好的还在后面呢。

　　对了，真正的知己，应该经得起时间和分别的考验。你、周雨乐、戴天仪，不知道能不能经受得住。

　　内心丰富的人、深刻的人，越难得到知己，所谓的"高处不胜寒"。

　　你是普通工人，企业里有100个普通工人，他们都可能成为你的朋友。朋友圈比较大，也容易有好朋友。你是经理，一个企业的总经理、副总经理、副经理什么的，加在一起，没几个，朋友圈就小了，好朋友更少了。国家领导人，那基本上就没法有朋友了。皇帝为什么叫"寡人"呢？

　　人的身上，有两个重要的东西："情感"和"理智"。

　　一般的人，情感几乎是生活的全部。人还有伟大的另一半，理智。人，还要"理智的生活"。你的年龄，情感的年龄。人长大了，理智的年龄。有一天，理智战胜了情感，成熟了。成熟，不着身高。成熟，是有痛苦的，痛苦在要用自己的理智跟自己的感情斗。

　　我不着急你成熟，也不着急你理智。身处"情感的年龄"，就去感受情感。有一点豁达，就够了。

　　小学，初中，你都有好朋友。高中，即便不出现，也不遗憾了。说不定你最好的朋友，将在大学出现，将在你的第一份工作中出现。将来，你谈恋爱，失恋了，你可以哭得一塌糊涂（当年老爸就是这样子的），可以伤心欲绝,然而请记住,男朋友不只有一个。更好的,或许就在后面,谁知道呢。10年前,谁想得到,老爸的书会一本接一本地出,谁想得到,老爸每个月的稿费,比工资还高。谁想得到呢?

  送你一个本子,暑假里,每周写一篇作文。要有"写着的状态",不能有"停着的状态"。让妈妈帮你找一些高考作文题,做成"签",随机抽,抽了就写。每写一篇,按省级报刊的稿费,给你酬金。如何?

老爸

初稿于 2012 年 7 月 3 日,改定于 2012 年 7 月 7 日晨

40. 多面

童童：

　　送走了玛侬，家里恢复了原态。恢复的，只是表面，内在的波澜、感慨，会留存很久。

　　这段日子，吃的，住的，上下班，生活节奏有点乱。你的学习节奏也乱了，这"乱"，值。全中国那么多女孩子，能和同龄的法国女孩，有这么一段相处、交往，不多。

　　五年级，你去澳大利亚，那时的你，那时的坎迪斯，都还小，难以体会天南海北的缘分，何其珍、何其贵。高二，玛侬和法国学生，给你打开了另一个青春世界，真真切切地看到了、感受到了大洋彼岸的同龄人，他们的活法。为着这份"独特"，付出一点辛苦，付出一点睡眠，付出名次上的跌落，值。

　　看到玛侬，我和你一样真的相信，人，不是为分数来到世界的，也不是为无休止的试卷，还有另外的活法。尽管我们没有能力改变目前的生活方式，然而，玛侬们至少给了我们一个真实的梦想。这个梦想，不是触手可及的，却也能给我们的心灵，安下一份恒久的期待。

　　妈妈说，那天的鲈乡山庄，看到了跳舞的、完全释放的另一个童童。我很遗憾，没看到。然而，我能想象得到。每一个人，都不止一个"面"。每个人都有好几个"面"。这几个"面"，在不同的境遇下，选择性使用。我的女儿也有玛侬的一面，奔放的心灵，豁出去活一回的冲劲和闯劲。这些，本就蕴藏在你生命的颤动里。没有中、法学生的互动，就没有美好的一幕，潜在的力量和能量也无从知晓。经历，只有经历，才能爆发新我、发现新我。

和玛侬从陌路到相识到熟悉，到不忍别离，友谊悄悄地变化、生长。10天，玛侬走了，回到她的法国，回到瓦塞莱中学，回到他们的"奥巴马帅哥"，回到她的有两条狗、三匹马的家。我想，玛侬不会忘记两次来到中国，不会忘记两个邻家女孩接待了她，一起欢笑，一起跳舞，一起"嗨"。我想，玛侬也会期待，期待寒假你和费梅一起去她家，看法国的学校，住法国的村庄。

而你们也要回到中国的高二，三个多月的高中学习，会累，会苦，会马不停蹄。只是想到寒假后，可以飞往万里之外的法国，见到玛侬，还有玛侬的帅气的亲弟弟，苦、累中，有一份美好的期盼。——美好的生活，就是这个样子的。

美好的生活不是每天生活在美好里。每天生活在美好里的人，会被"美好"麻痹掉，会不懂得什么叫美好。就像我们生活在中国最美好的地方之一——苏州，而不觉得。生活本来就是这个样子的：

心存美好的梦想，低头奋力前行，向着美好出发。

爸爸
2012 年 10 月 12 日

41. 差 错

童童：

你终于缓过气来，有说有笑了。我和你妈也终于知道，上次数学不好的原因：有两道题，草稿本上算对了，抄到试卷上，错了。

我们都松了一口气。

我没有问你妈，她松一口气的原因。我松一口气，不是"你的数学原来学得蛮扎实的，这次不过是个意外"。我松了一口气，你出的差错——草稿上的答案，抄到试卷上，错了。

人总会有各种差错。有一些差错，后悔一辈子。有一个学生，高考，英语的填空题，先做试卷上，再涂答题卡，结果来不及了，监考老师收卷了，那同学当场号啕大哭。这个"差错"，改变了她的一生。还有一个学生，高考的英语答题卡，居然错位了，此等"差错"，谁想到呢。

家乡有句俗话，"翻船翻在阴沟里"。船，翻在大河大江里，想得到；沟，那么小的沟，船怎么会翻呢？——年轻时读不懂，现在，你也懂了，前面那两位，就是。

答案抄到试卷上，抄错了，一段很好的经历，一笔成长的财富。任何差错，都有价值。差错的价值，远远优于完美的价值。我一直说，考好了，收获轻飘飘的快乐；出问题了，收获沉甸甸的教训，下次不犯的觉醒和决心。

完美，一次就够了。而"差错"要很多次。无数的"差错"，缔造一次"完美"，或许是人生的本来面目，这也是目前老爸所认识的人生的本来面目。

很多的人，整天去埋怨"差错"，躺在"差错"里落眼泪，不知道挖掘"差错"里的金子。一个能坦然面对差错、不气馁、不泄气的人，那才是我们追求的、达到的彼岸。这样的人，渐渐淡定，渐而淡然，没有什么能打倒他。

还有两年高中生活，你还会有不少的"差错"。有一些差错，你所不甘：我怎么会有如此的低级错误。不急，不用埋怨自己，让它们来吧，它们的到来，只是为了让你在高考前，尝试各种各样的"坏"情况。尝过了，长记性了，多好。

你的青年，你的壮年，你的中年，都会出"差错"，不要为它们哭泣。它们的到来，只是为了缔造一个完美的未来。当你老了，看着自己厚重的结局，你才会明白：我们的完美，很大的功劳不是来自于一个又一个的"胜利"，而是一个又一个的"差错"。

"胜利"给予我们的，大都是短暂的、漂浮的欢乐。

"差错"给予我们的，才是永远的、脚踩大地的成长。

我们时常将事物的价值，看颠倒了。这是我近来，一个很大的感慨。

爸爸

写于 2012 年 10 月 25 日，2013 年 1 月 29 日给女儿

附：这封信，前段时间写的，一直没机会给你看，现在，身处法国的你，读来是否别有一番滋味在心头？

42. 反观

童童：

你跟你妈说，你老想着跟别人竞争，课间，别人做作业，你也不休息，马上做；别人不吃饭做作业，你也不吃饭做作业；别人不吃荤菜，光吃两个蔬菜，你也不吃荤菜，吃一个蔬菜。

你说，自己是不是心理有问题。

你妈转给我听，我不着急，我跟你妈说，没事的，正常的。

我这么说，不只是宽你妈的心。

这是个竞争的社会，没有竞争意识，很难有好的生存环境。

叔叔，家里放着车床，没有竞争，就接不到生意。爷爷，路边小店放了几张麻将桌，要没有好一点的服务，送点小吃，吃个便饭什么的，人家也不到你那里来。人本身就是竞争而来的，那么多的精子，最后，属于你的那一个胜出了，在妈妈的子宫里，与卵子结合，温暖地生长。

没有竞争，就没有斗志，没有斗志的高中学习，那将了无生趣，结局也很悲凉。当然，过头的竞争，会使幸福感下降，那也是事实。你的感慨，可能正是基于这一点而来。

17岁的你，能如此问自己，很了不起，我在你这般大，哪有这样的想法。一个人努力去竞争，又提防自己不要竞争得过头，多好，我为你的状态满意。

很多竞争中的学生，根本没有回头想这些呢。

爱美，女孩的天性，17岁的你不爱美，那才有麻烦。你说自己胖，别人不吃荤菜，你也不吃，吃更少，没啥问题。有的同学，不吃饭，吃减肥药，都没说自己有问题，你能有啥问题。社会上，不少女人、女孩，为了减肥，所做出的举动，那才叫问题。你能跟妈妈说出自己的担心，那是你时刻关注着自己的内心，内心的健康，这一点，太令人骄傲了。这也说明，你的心灵世界，不但健康，还比一般的高中生，多了反观、批判的理智。

儿童、少年、青少年、青年、中年，你说或没说的烦恼，我们都有过。多年前，有一部风靡中国的美剧《成长的烦恼》，都说美国学生没什么压力，然而不代表他们没有烦恼。成长的烦恼，最为正常不过的事了。

童童，你说，老看到别人不好的一面，哪怕真正关心你的，你也会冒出"人家别有用心"的念头。

我的女儿真伟大。30岁的时候，我也总怀疑别人，心底总认为别人"话里有话"，然而，我没有像你这么清晰地、毫不留情地剖析自己。孔子说，"每日三省吾身"，反省什么，无非反省自己做得不好、内心不够干净的地方。孔子也不过如此啊。

关于你的怀疑，还在于我们的社会，信任系数急剧下降。这样的社会里，多一个心眼，多一点防备，不是坏事。

近读《人格教育》，书中讲到，小时候学走路比别人慢一点，长大了，对今后的生活，没什么影响；然而，小时候学走路的"慢"，导致长大后，一直怀疑自己的人不少。

我联想到自己，年轻时大病过，一直怀疑自己的体质不如人家。直到现在，人家的体检都有问题，我的体检都很好，才完全信了自己。

幼儿园，我没有教你"10以内加减法"，一年级，别的小朋友很快算出了"5＋3"，你总比他们慢一拍。到现在，你还怀疑自己的数学。我和你妈都清楚，其实你的数学学得很扎实。

晓辉老师刚发来短信，夸你的数学呢。这个见证，或许来得有点辛苦，辛苦得来的东西，才是最敦实的。

爸爸

写于 2012 年 12 月 11 日，改于 12 月 19 日晚

43. 出门

童童：

你说，上次数学考好了，这次就糟糕；这次糟了，下次往往就好。你的感应，很多人都有。究其成因，感应先出现在了你的心里。所有的"魔咒"，其实都是人的"心咒"。

这个期末考试，你破了"魔咒"，你破了"心咒"。

好了，去法国吧。第二次踏出国门，前往传说中的巴黎。

上次出门 12 岁，这次 18 岁。一个童年的尾声，一个青春的门槛，两个时段，两次远门。一个人的视界，会造就一个人的胸怀、气度和气质。

日本有个企业家，叫稻盛和夫，被中国的季羡林称为集"企业家"和"哲学家"一身的第一人。稻盛和夫欣赏中国明代的吕新吾的话："深沉厚重是第一等资质""聪明才辩是第三等资质。"

"深沉厚重"来自哪里？来自人的胸怀和气度。胸怀和气度，跟一个人的视野密切关联。出国见世面，这点钱，我和你妈都认为值。这几天，你要好好放松，过一种和"学校生活"完全不一样的生活，有过这样的生活，永远不会成为书呆子。有过这样的经历，会懂得生活在别处，有别样的美好。这种美好存在心头，从此不绝望。

童童，走出国门，你就不是你了，你是中国人，你是中国的代表，所有的法国人将从你的身上，看到所有的中国人。嘈杂，法国人对中国人最大的坏印象。去年，一家法国旅店，竖起了"谢绝中国人"的牌子，前来住宿的中国人，实在太吵了。

你是个安静的女孩，按理，我没有必要说这些话。不过，一群人出去，一热闹，一激动，会忘了场所。大声说笑，这在法国人眼里，属没教养。法国人也有喧闹，上次你们一起跳舞，然而，其他时刻，他们大都很好地克制自己。上次的法国学生，吃饭的时候，很少拿出手机。我也希望你能将这一优秀的习惯，回赠给法国。

"谦让"与"担当"，中国人的美德。十来个人，你要懂得谦让，哪怕吃点实实在在的亏，也无妨。你不一定懂得，然而一定要记住：任何表面上的实实在在的吃亏，一定会以另外的形式回报给你的，这是物质守恒定律在人间的运用。中国和法国的学生，如有活动、要唱歌、要跳舞、要表演节目，你要有担当的勇气，不在于唱得好不好，跳得好不好，而在于你能不能担当。

"谦让"与"担当"，看似一对反义词，它却完整地、一点也不矛盾地呈现在一个人身上的，我们要处理好这样的"放"与"收"。

你去的法国家庭，英语不一定好，语言不通，会有交流上的麻烦，交流上的麻烦又会导致相处上的麻烦。那个法国女孩，也由于种种原因，不是玛侬了，彼此没有了解，心里会不安。走出中国式的封闭校园，你将进入活生生的、锻炼人的世界。

具体的情况，我也不知怎样。我给你两点建议，第一，微笑。交流和饮食上的问题，不知道怎么解决，那就微笑。微笑，世界上的最好的通用语言。第二，沉稳。中国的孩子，看上去幼稚、稚嫩。至少从外表看，玛侬要比你沉稳得多。然而，外在的嫩气，不等于内在的稚气。外表看起来稚嫩的人，交往中，完全可以表现出内在的大气和沉稳。

法国有很多美好的地方，法国有太多的浪漫气息，18岁的你，此刻正前往这样一个地方。从此，你的人生地图多了一个坐标，多了一个曾经的遇见。

正如你这一辈子，或许再不可能见到坎迪斯，你和法国朋友告别的时候，也应该以这样的感怀来珍惜。

不管有多少的过客，我和你妈一直是你最忠实的守护者，我们的家，中国，江苏，苏州，吴江，吴越尚院，20幢102室的灯，为你亮着——

等你回家，一起过年。

爱你的爸爸
2013年1月28日，上午

44. 装下

童童：

小高考过去了，结果如何不重要，重要的是你为它努力过、奋斗过。正像那天我的留言：有了这个过程，你可以心平气和地走进考场，了无遗憾地走出考场。

昨天中午，你说考砸了。

下午，你的情绪没受多少影响，我很欣慰。坦然面对可能有的失败，或者坦然面对已经有的失败，能笑着说"我输了"，很了不起，输得起的人是英雄。从你昨天的举动里，我看到了一个不简单的管童。这个"不简单"，才是真"不简单"，才是人一辈子有用的"不简单"。

不禁回想起你的"法国行"里写的话：

我是一种很强大的生物，食物中毒，重感冒，期末复习，小高考复习，期末考试，"三好学生"落跑，我还好好活着。我还很强大地拥有我的宇宙，好像没有什么可以摧垮我看起来有点柔的意志。

才发现，所谓的热烈，不过一时的喧闹，该静的，总会慢慢静下来。有些事情，想要完成总不如愿，就算自己的那部分完成了，还有别人的那部分，无法左右。

高强度、高密度的学习之余，你能思考"活着"的力量，思考生命"内在"的强大，思考人生的"不完美""不如意"，欣喜于你能接受人生的"不完美""不如意"，不只欣慰，钦佩。

要过了35岁，我才渐渐明白，"人生本身无法完美"，"你能左右自己，也无法左右别人"，才老老实实、安安心心地接受了"人生的不完美、不如意"，才知道"接受不如意""接受不完美"本身，就是"完美人生"的重要组成部分。

从此，我努力，我奋斗，我心平气和地接受努力、奋斗后的挫败。一个人不断接受挫折、失败，依然努力、奋斗，那个人的胸怀才会不断厚实、宽阔，才能装下人生的是非，再没有什么灾难可以打倒他。

我想，我会成为那个"他"。

我想，你会成为那个"她"。

我们都是能成为装得下任何灾难的人。哪怕有一天，爸爸妈妈离你而去，你依然能像往日那样去上班，像往日那样带你的孩子去公园，那才是我们一辈子有用的"不简单"。

高中生活不是我们想要的，然而它不因我们的"不想要"而不来。它终归要来，我们终归要面对，用它来磨炼自己，磨炼自己接受"不完美的生活"。而这一切，又都会过去。正如18天后的昨天，小高考终究过去了。正如1年零2个月22天后，高考终将过去。站在此刻的门槛上，看小高考，看那18天的焦灼不安、起起落落，此刻尘埃落定，阳光依然穿过树梢，落到我们的院子里，恍如儿时的幼儿园，你唱歌，妈妈弹琴……1年零2个月22天后，你站在那一天的门槛上，一切亦如这个春日午后的阳光，有点小散淡，有点小温暖，有点小忧伤。

什么叫成长？

小时候的"大事"，现在看来，成"小事"了，那就叫"成长"。

什么叫成熟？

很少有事情，可以左右自己的心情、心态，左右自己前进的脚步，那就叫"成熟"。

你正在成长的路上，我正在成熟的路上。

女儿，我们一起走。

老爸

2013年3月18日，晴，温暖的23度。

45. 钱

童童：

前天晚上，说起帮你网上买东西的事。你妈的U盾不能用，请晓玲阿姨帮你买。也不知怎么的，说到了沈敏，每次去苏州，她妈都给她200元。说着说着，你生气了，别人家的妈好啊。

睡前，你妈委屈，女儿有意见，嫌给钱少。我答，不是女儿对你有意见，小高考的成绩要出来了，女儿心里没底，心情不好，才说了没来由的话。

今天，小高考的成绩出来，晓松老师给我电话报喜。不一会儿，晓辉老师也发短信来。现在的你，也心怀喜悦吧。努力付出，得到自己想要的结果，人生快意，尽在此中。

我常说，重要的是过程，过程做好了，结果不必太在意。用心做好了过程，结局大都也差不到哪里去。用心做了过程，也有不太好、不太满意的结果。养鸡的，起早贪黑，看养鸡的书，请教有经验的专业户，鸡养得也好，很壮、很绿色，H7N9来了，活禽市场停业，老百姓不敢吃鸡肉，欲哭无泪，只能赔本。此类事儿，也常有，也不必太伤心——

H7N9过后，要真有养鸡的本领，只要振作起来，总有翻本的时候。火星人马云说了，今天很残酷，明天更残酷，后天很美好，很多人死在了明天晚上。

爷爷每天出去干活，修石驳岸，活很重，很累。你妈说，最近，爷爷看起来疲劳。爷爷 60 多岁了，如此的重活，我也知道累。爷爷又很开心，出去干活，一天能挣两三百块钱，爷爷说，浑身是力气，干得开心；力气嘛，睡一觉又有了。你去苏州，没有特殊情况，我们不会给 200 块钱。零花钱，可以从爸爸妈妈那里挣。不是爸爸妈妈小气，不舍得给你钱。你要体验像爷爷那样的，付出劳动后得到报酬的快乐。人的一辈子，绝大多数的时光，在"工作—报酬"间晃悠。工作的付出，得到报酬以及得到报酬的快乐。盼着爸爸妈妈送钱来的快乐，那只能成为令人鄙夷的"啃老族"。"啃老族"，"啃"掉的不只是老人的钱，也"啃"掉了自己的劳动，"啃"掉了"工作—报酬"的快乐。

很多孩子的问题，很多家庭的问题，一半以上，大都在"钱"上发生了偏差、错误。前天，你妈在电视里看到，一女孩，出嫁前父母宠，要钱就给，花钱没计划，结婚了，拿着信用卡，刷这、刷那，欠了 17 万，男孩吵离婚。

怎么得钱，怎么用钱，怎么待钱，这是个大问题。

"小高考"成绩出来了，有人欢喜有人忧。不久它又会过去，2A、3A 或 4A 的话题，会淡出，越来越淡。成、败、得、失，都会在无尽的光阴里，稀释，稀释，再稀释。

月考又将来临，不必太在意排名。我还是那句话，过程用心了，结果大可不必在意。

杯子里，有半杯盐，水冲下去，那杯水很咸、很咸。半杯盐，掉进浴缸里，冲上一浴缸的水，一点咸味都没有了。盐还是那点盐，放盐的器具大了，咸就无法伤害你。咸或苦，到了太湖里，太湖一点也没有苦味、咸味。小高考，你说不怎么紧张。小高考，月考，一模、二模、三模，到高考，你也不会紧张的。

"心"上的功夫，也就这么练出来了。

爸爸
2013 年 4 月 10 日

46. 家

童童：

　　收到母亲节的卡片，你妈掉眼泪了，欣喜地嚷着叫我看，我也很感动。高中生，学习的任务有多重，身处前列的你压力有多大，隔岸观火的我们，也能感知三五，身临其境的你，自然更甚。

　　记得母亲节，记得父亲节，记得爸爸妈妈的生日，记得爸爸妈妈的结婚纪念日。你还能从自己的重重压力里，转过身来，看到"妈妈每天晚上都陪我熬夜，还帮我查资料，还要忍受我的坏脾气"，看到"从 6:00 不到起床到晚上 11:00 才睡，妈妈你一定很累吧"，向妈妈道一声"谢谢"，叮嘱妈妈"吃完晚饭先睡一会儿"，妈妈眼眶里的泪，多么的幸福。

　　比成就、地位、收入更重要的，一家人的体谅、温暖和爱。

　　我常忘了对家人的关怀，我很愧疚，亦很幸运，遇到了你妈。你妈常回乡下，看望爷爷、奶奶，看望外公、外婆，看望太公、太婆，看望亲族里要看望的人。外太公去世，我们也坦然，倒不是外太公年岁大了。外太公活着的时候，我们常去看望，你的印象里，应该也有外太公走到公路旁，笑着送我们的情景。

　　新书的"后记"里，我写了《遗忘的谢》："至亲的人，恰是淡如水的人；至爱的人，恰是从不说爱的人。"你的卡片，我明白了，挚爱的人也要说出自己的爱意。那则"后记"里，我还说：

我拿起笔，写出第一块豆腐干，女儿两岁，如今，女儿高二了。

儿女来世，或报恩，或索债。女儿，我没费什么心。我不敢说，上天给我女儿，叫她来报恩，那样，女儿太苦、太累。

然而，我却不能不承认，我的幸运。

爸爸的研究渐渐深入，书也越出越顺，下个月，出版社要跟我签10年的出版合同。要不是你妈的支持，要不是你的懂事，以我的先天不足，不可能走到今天。

童童，前面的路，会有一个个坑坑洼洼，我们一家人彼此宽慰、提醒，外面的风雨再大，我们有家，有爱，有信任和温暖，外面的风雨来了，我们可以或小资、或豪迈地说：就当看风景吧。

听说，班里有同学学你的学习方式、作息方式。童童，成为别人追赶的目标，超越的目标，已经够骄傲的了。我们没有必要一直保持骄傲。人生，有几次骄傲就够了。一个人，不用一辈子都在骄傲里。那样太累。有一天，有人超越了我们，我们可以安心地接受，让他来承受光荣和骄傲，同时，也承受光荣、骄傲背后的责任与压力。生活，就这么交替。

有自己的生活节奏，有自己的工作节奏，走自己的路，有自己的步伐，不排斥别人的步伐和生活，微笑着看身边的人的生活和步伐，别人的步伐和节奏也影响不了我的步伐和生活，——不惑之年后的我，追寻的内在境界。

童童，无意中看到了11年前的《愧对女儿》，那是2002年，你小学一年级，7岁，多么遥远而美好的时光。11年前的小不点，成了美少女，去过澳洲，游过法国，拿过唐仲英奖学金，有自己的见解，有自己的空间，有自己的安排，看着这则小文，我默默，又默默。

就这样生活，有家，有美好。

爸爸

2013年5月24日，周五

再次抱歉，爸爸不在家。彼此心有挂念，我知足。

47. 节奏

童童：

　　匆忙间，一学期过去了，你忙，我也忙；我们聊的天，1、2、3、4，数得清。晚上看着你回家，看到你的样子，不说话，也踏实、温暖。

　　小半年里，南到深圳，北到吉林，东到宁波，西到昆明，我跑了不少地方。上次，看望张学青阿姨，她感慨：你看你，跑来跑去的，身体不见孬，人也越来越年轻。年轻，不可能，只能说，老得慢一点，精神上年轻态些。那大概得益于养生，夏天刮痧，冬天泡脚，早上嚼生姜，晚上吊单杠。现在，又多了艾灸——一回家，你闻到的味。

　　四月和五月，我出版了《教师成长的秘密》和《我的作文评改举隅》，六月，完成了《好作文是改出来的》的四、五、六年级版，正跟出版社谈合同。其他的，七七八八发的文章，不去说它了。《小学语文教师》推出了《管建刚和他的阅读教学革命》《"管建刚和他的阅读教学革命"大讨论》《"管建刚和他的阅读教学革命"再讨论》，引发小语界的广泛关注。

　　神奇的，我还看了不少电影，《激情与速度》系列1—5看完了，《碟中谍》系列1—4看完了，《叶问1》《叶问2》看完了，《007》系列23部，我也看了一半。朋友不无妒忌："管建刚，你怎么可以这样？出了不少东西，还活得蛮轻松。"

求学时代，我几乎没看什么书，也不会写作文，不努力不可能有成绩。然而，也不是死努力，我越来越明白，劳逸结合的妙处。外出讲课，动车上，5小时的路程。先睡上1小时，醒来精力充沛，写上1.5个小时。休息，看1小时电影，再写1小时。还有半个小时，看剩下的电影，看窗外的风景，旅途生活很丰富。一丰富，不枯燥，有精神，有斗志。

秘诀就在这里，我有我的节奏，我调控好了节奏，调整好了休息、工作、旅途的节奏。

你说，A同学，平时看乱七八糟的书，考试却出类拔萃。平时不努力，一般不可能有好成绩；取得了，也是昙花一现。若A同学成绩经常不错，那她看的"乱七八糟"的书，有价值。这价值，或许不在于考试，而在于放松。放松，可以消除疲惫，消除枯燥，消除紧张。这，也可能是合适她的生活、学习的节奏。

前不久，你和同学出去玩，我很开心，你妈也开心。这不是浪费时间，这是有意义、有价值的，休息的价值和意义非同小可。我们是人，不是机器，不是神。人要休息、休闲，要何炅、要谢娜，要《快乐大本营》的嘎嘎的笑。

要认真看书、写作业，也要放松，犒劳自己，全身心地听几首歌，看会儿八卦，再回到作业里、学习里。也可以看看院子里的菜、院子里的花，跟你妈有一搭没一搭地聊。哲学家尼采说过一个著名的论断，叫"四分之三的力量"。人的努力、人的才情展现的状态，四分之三，最好。一天24小时，7.5小时的睡觉，醒着的16.5小时，12个小时努力，可以了。4小时，安安静静地吃饭、洗澡，聊一会儿天，看看校园里的花、车窗外的草。

长跑和短跑，不一样。短跑，要快速反应，最初的0.01秒起，奋力直冲。长跑，没有一个人会在起初拼命，也没有谁会在中途拼命，甚至没人在最后拼命。几十公里，一路走来，胜负已分，用不着冲刺。最后关头，过度、过激的冲刺，一旦引起身体不适，反而跑不到终点，拿不到唾手可得的胜利。

长跑，跑的节奏，不紧不慢的节奏，保持匀速的节奏。高中是一场长跑。

高中的奥秘，在于理解长跑的节奏。

期末，你说数学砸了。事实没你想的糟。心里想出来的糟，往往比事实更糟，由此，最可怕的，不是现实的糟，而是内心的糟。

好在其他学科没受影响，真可贵。不只考场上，将来的情场（你不会不谈恋爱吧）、将来的职场（你不会一辈子啃爹吧）都要这素质。看来，严酷的高考里还真有不少东西，一辈子有用。

任老师和张老师来电、短信：假如数学发挥更好一点，管童……我真心回复：不完美，有未发挥的余地，挺好。我们一辈子都在"不完美"里，我接受这样的"不完美"，释怀这样的"不完美"。

暑假了。

努力了半年，我们有权利放纵一下，睡点儿懒觉，吃点儿零嘴，发一会儿呆，对了，我们出去逛逛，你，小金库，有，的，是，钱！

老爸

2013年6月29日

48. 自控

童童：

　　暑假，你还剩一条尾巴。我呢，尾巴也没有了。

　　湖南、广东、山东、江苏、浙江、四川，都留下了我的声音，我没有遗憾。一家人乘了火车，坐了飞机，去了张家界，爬了阿凡提里的山，去了舟山，看了海边的公园，吃了三下锅、米线，我们没有遗憾。

　　美好的生活也要打断，一直"美好"下去，"美好"会变成"没好"。有限度的美好，才令人留恋。三下锅只吃了一次，才很想念。舟山的海鲜，每顿都有，反而不怎么想念了。

　　有限度的美好。

　　一切都是有限度的，包括我们的寿命。有限度，我们珍惜，我们合理使用。钱，也是。有限度，我们才思考，什么该买，什么不该买，什么东西一定要，什么东西可以缓一下。

　　中国是人情大国，人脉广，很吃香。然而，朋友也非越多越好，有限度的交往，有限度的人脉，在我看来，更有味道。

　　朋友对我们的影响，很多时候大过父母、老师。选择怎样的朋友，无比重要。物以类聚，选择互补的朋友，需要理智，然而也该有限度，无限度地学朋友，会丢失自己。

去舟山前，妈妈买了两件衣服，你没买，不开心。解决"不开心"，一点也不难。这点小钱，我有。然而，我没有这么做。我知道，世上有一个重要的法则：

世界不会因为你的不开心，而有所改变。

五六年后，你工作了，单位里，不会因你不开心，而改变原有的决定。不给你买衣服，不是我们没有这个能力，而是不能破坏了世界的法则。家庭的法则一旦破了世界的法则，对孩子来说，种下了未来的灾难。不少有钱人的孩子，有这样那样的问题，答案就在这里，家长总以物质来满足孩子，从而避免孩子成长路上的麻烦。孩子从此以为，世界可以为他开绿灯，他可以想要任何自己想要、干任何自己想干的事。

——多么可怕！"可怕"的根在家长。

你生气的那段日子，你妈痛苦，我也是。然而，我们必须面对这样的痛苦，你也必须。童童，你要记住，将来你对你的孩子也应该这样：家长的爱，也是有限度的；没有限度的爱，是灾难。

有两个东西，十分重要：理智和情感。没有情感的人，可怕；没有理智的人，可怕。"情感"，天生的。"理智"，要后天练习。四十不惑，老爸总算知道，冷静下来，多么重要的智慧。

随时随地控制自己的情绪。一个人，保持冷静，就是保持智慧。一个人，一焦虑，一发脾气，智慧的电板就会短路。这些年，跟着师爷爷、菊荣伯伯坐禅，我没修出什么。不被外界干扰、不被自己的情绪影响，这点，我长进了。

高中老师说，高二已经决定了 90%，剩下的 10%，最重要的不是基本知识和解题能力，而是面对考试的心态。所谓心态，控制住自己的情绪，遇难题不焦虑，时间紧了，心儿不怦怦跳。每次都有意识地训练自己，一学期、一学年，会有很大的进步。

我们的童童高三了。

多么希望你像木木那么小，多么希望你像浩浩那么小。谁都没办法，谁都要长大，面对无情的时光，面对无情的高考。世界再无情，高考再无情，爸爸妈妈永远和你在一起。我们可以发誓：我们所做的，都是为了更好地爱你。

——老爸对你的支持有限度，那不是我不爱你啊。

童童，高中的最后一年，老爸送你三句话、十二个字：

第一句，四个字，要有梦想。设定三个高考的梦想，第一个，超越现状的梦想，有了这个梦想，人会有蓬勃的动力。第二个，守住现状的梦想，有了这个梦想，你会脚踏实地，梦想就在自己的脚下。第三个，退回底线的梦想，这个梦想，或许不是你所愿意的，然而它能让你心平气和地面对失利。

第二句，四个字，要有爱心。同学借笔记，大方地借出去。高考，你的对手，不是同学，而是全省的高考生。说大点，我们的对手是未来，而不是某个人。盯着某个人的对手，目光短了，容易伤自己。

第三句，四个字，要有毅力。这一点，你妈很佩服你，认为你很"hold得住"。

有梦想、有爱心，路上有温暖。有毅力，只要方向对了，再远的路，也能抵达。你在路上，我和你妈已经商量好了，一个站在路的起点，一个站在路的终点，目光和心，永远随着你一起在路上。

老爸

2013年8月25日初稿，26日11点改毕。

49. 文笔

童童：

半个多月过去了，开学综合症也过去了。

高一，你掉着眼泪去上学，高三，你淡定着去上学，我和你妈不能不承认的老脸上，留下一丝中年人的欣慰。

初夏，我出版了《教师成长的秘密》。书中讲，不喜欢的事，不等于不能干出色。20年前，我不喜欢教育，不喜欢语文，对作文很害怕，哪料想，今天的我，教语文、教作文、写书拿稿费。不喜欢，也能做到这份上。你对上学的忧，如我当年对作文的惧，也没妨碍你学习优秀。

中秋，结算"舟山行"的稿费，第一篇的杂感，我很吃惊：

不要企图揣测，因为你揣测的只是内心深处另一个你的想法。所以说警察混混是一家，警察总揣测混混的想法，混混总揣测警察的想法。

大家都说旁观者清，那又有哪个旁观者没有主观的臆断。旁观者们用自己主观的想法，装作客观，还信誓旦旦地说自己客观者清。

开学，这两个字拼在一起，就成了6岁以上，19岁以下的孩子的风暴。每次开学都很不适应，我说了，一定是没有幸福就没有痛苦。要是一直这么没日没夜学下去，估计我们读成了傻子、痴子、疯子，就不会再对开学有任何感觉了,就像生物里的,成了非条件反射,等生物再进化进化,以后刚出生的婴儿都知道开学,不怕开学了。

好像高中的我,没有什么很要好的朋友,没有什么会天天黏在一起的朋友。天天黏在一起的,大概也只有作业了。

——我以为,韩寒、郭敬明也不过如此。

我建议,每天晚上,10分钟,写100字,这样的句子,一年后,会成为你的风格。从游记来看,语言功底,一点也没问题。高考作文,在于怎样保持自己的文字优势,又能迎合高考评委的普遍性胃口。选择怎样的表达方式来对付高考,这事儿,要问徐老师、孙老师的看法。最好跟徐老师、孙老师探讨,找到适合你的、属于你的表达方式。

只要你从心底里接受,徐老师、孙老师认可,一年打磨,够了。1998年,老爸的《三月》,才300多字,半年后,我的《九月》,1000字了,身边的人都说,管建刚是个小才子。作文的进步,不像人们说的,慢得看不出来。不是。当年,共产党打天下,靠两根"杆子",一根枪杆子,一根笔杆子。和平年代,枪杆子对于老百姓,越来越遥远;笔杆子,越来越重要。社会上拿得起笔的人,依然太少。

我不得不承认,18岁的你的文笔,比28岁那会儿的老爸,厉害。

晚上,接你上车,你专心致志地看功课。妈心疼,希望你闭闭眼,养养神,妈怕你太累了。

我不完全赞成你妈的说法。你专心致志地活在自己的功课里,这里面有着重要的人生智慧:高考就活在高考的世界里,大学就活在大学的世界里,工作就活在工作的世界里,打坐就活在打坐的世界里,逛街就活在逛街的世界里,这就是破除一切烦恼的最佳方式。人啊,就怕工作的时候想着逛街,老埋怨工作不是个东西;逛街的时候,又想着没做完的工作,街都逛不起来,这样的生活,最糟,最苦。

专心致志、心无旁骛地活在当下的生活里，那就是拿得起、放得下。这样的智慧，跟年龄没有必然的关系。有的人 18 岁就做到了，有的人 58 岁也做不到。

对了，每天晚上，单杠要吊，不能忘。不差那么几分钟的，一整天你都"拿着"学习，睡觉前，要放得下。"拿得起"的人，最怕"放不下"。

付给你的"工资"：（1）舟山的稿费：400 元；（2）舟山表现奖：200 元；（3）预付的《乐居吴江》的稿费：300 元（估计还有 300 元的正式稿费）；（4）三张奖状：300 元。小计：1200 元。

童童，不用背着"第一"的包袱。还是那句话，权当"第一"是对你的奖赏。奖赏，有，高兴；没有，也不生气，反正，已经那么勤奋地做了。

"过程"比"结果"重要。没有"过程"，或说"过程"不踏实，得了好"结果"，"结果"很可能是灾难的开始；付出了"过程"，没有得到相应的"结果"，那样的"不顺"，往往是"更好"的奖赏的开始。

这，不是对一个失利的人的安慰话。这是老爸真真切切的、打心底里认同的真理。

老爸

写于 2013 年 9 月 16 日，改于 9 月 18 日

50. 放开

女儿：

对不起，昨晚，你红着眼进了房间，我才醒过来，一讲起作文，我就情不自禁，急了。

从你的随笔、杂感，我看到了你的灵气，而这些，考试作文中，不翼而飞了。好比饿肚子的人，得了壶饺子，却倒出来，饿肚子的人急，我这个旁观者，也急。

上次，带了你的杂感，去徐老师家里，坐了会儿。徐老师看了，说："管童的作文里，怎么没有这样的话呢？"

徐老师也以为，你的作文，更适合这样的风格。每个人都有自己的风格。用自己的风格、自己的温度来写，才是作文正道。

我看了你太多的文字，我知道，你被考试捆绑住了，洒脱不了，也正因此，你的语言的灵气、灵性，舞不起来。像：

震中的人说，如果震中是鸟不拉屎的地方，那江中就是连鸟屎都没有的地方。

我说了，一定是没有幸福就没有痛苦。要是一直这么没日没夜学下去，估计我们读成了傻子、痴子、疯子，就不会再对开学有任何感觉了，就像生物里的什么，成了非条件反射，等生物再进化进化，以后刚出生的婴儿都知道开学，不怕开学了。

有的事情，永远分不清对错。以为自己什么都不记得了，以为自己又到了新的起点，可是有时只要一个梦，又记起了。不过梦醒了，真实感一点点淡去，不知道梦里的感受是真的，还是醒来后的感受是真的。做梦的是我，醒来的是我，这两种感受的源头都是我，又怎么将我分割。有的时候，大家说旁观者清，那又有哪个旁观者没有主观的臆断。旁观者们用自己主观的想法，装作客观，还信誓旦旦地说着自己是旁观者清。那还不如让当事者，用他发热的脑袋，用自己的主观，不理智而又以为理智地分析。

这些，绝不是写之前能想好的，而是写的时候，自然而然地涌出来的。要想"涌"出来，就要放开，不管不顾。我深知，我的女儿缺的不是写作能力、不是写作才华，而是放开自己，用自己来写作文，而不是想着"阅卷老师的脸色"。童童，做阅读题，做数学题，可以想着"阅读老师的得分标准"来做，唯独写作文，不能。

快一年没写故事了，昨天，你鼓起勇气写故事，我很惊喜，也很感动，感动于你果断的变革。然而，我太心急了，居然……

徐老师说，高考的审题范围，比较宽泛的，只要跟材料搭边，就没有什么问题。关键是作文本身。作文，看的是学生的表达能力，表达中有没有自己的话，而不是鹦鹉学舌，说一些材料上的话，说一些别人说过的话，说一些大家都知道的话。

材料作文，允许适当地"引申"。用阅卷专家的话来说，只要你能在作文中"自圆其说"，那就没有审题上的问题了。

徐老师说，管童的作文，总隔着最后一层薄雾，没有点出来的。看了你的《距离美》，我一下子明白了，这也是为什么我将结尾改成：

我们随便走了走，便回家了。大家的神色倒不如来之前了。出了山，绕了街，回望身后的天平山，片片枫树装饰着山头，又回到了画册里的模样。

"都说距离产生美，其实，距离产生的是模糊，模糊产生美！"我正瞎想，朋友兴致大发，夺过我的眼镜，一语双关，"这东西啊，有时还是不要戴的好，糊涂一点的好。"

"草色遥看近却无"，我冲她笑笑，心领神会地点了点头。

画线的话，我加的，将模糊的、"隔着一层"的，点出来。高中老师讲过，叙事类作文不能直统统的；然而，太模糊了，"隔着一层"了，也不好。可以用手法，比较"巧"地"点"出来。高考作文、小考作文，都有"一句话救活一篇作文"的说法。画线部分的话，大概就能起到"一句话救活一篇作文"、"一句话升格一篇作文"，只要找到恰当的位置，添一句恰当的话，作文就升了一格。

关于作文，我很想帮你，又很担心，一不小心会伤你。大概，这就是高三老爸无法逃脱的纠结吧。

老爸
2013年9月22日17:24，改于20:15

51. 高考

童童：

连续四周的疯狂学习，你终于有了两天的休息。

10月中旬，一个晚上，我们去院子的单杠上吊。你说，小学、初中都有双休，我怎么就没觉得那时候有多幸福啊，现在，两个星期给一天的假，都会很期盼，很开心，很满足。想想，还真是这个样。一个人经历了更大的折磨后，前面的那些小折磨，也就不叫折磨了。北京待过的人，到啥地方都说是基层。不信，寒假里，你和沈婧姐姐聊，看她有变化没。

也可以反过来说，大幸福享受过了，那些小幸福往往不觉得了。中国，依然有不少贫困地区的孩子，盼望着每顿能有红烧肉吃的幸福，于我们，那已经不是幸福，红烧肉，不是有没有的问题，而是胖不胖的问题。

每个夜晚，接你回家，成了我和你妈的爱心美差。你妈每天睡得很晚，又起那么早，一点也不叫苦。我对你妈说，晚上你不要去了，我一个人去，你睡一会儿。你妈不同意。她说，再过7个月，女儿读大学了，说不定，想见女儿都不太容易。

大学毕业，出国或就业。就业，若离家不近，你妈的感慨就会成为现实。那个从幼儿园到高中，一直在我们身边笑或嗔、发发小脾气的女儿，不再活跃于我们的视线之内。每想到这里，我和你妈不由得一阵沉默。

夜晚，东太湖，你上了车，妈妈嫌车内的灯光线不足，打着手电，给看书的你增加光亮。我开着车，一路静寂，一路美好。偶尔，你说几句班里的八卦。到家，也会说两句不轻不重的笑话。你妈说，童童是打不垮的小强，越残酷，心态越好。

这一点，像我。一个内心有力量的人，困境面前，不显山不露水。困境，激活潜在的力量。人，很容易安逸，很容易懒惰，很容易一事无成。恰是困境和困难，让我们不安逸，不懒惰，不懈怠，走到那些安逸的人永远走不到的地方。

童童，你妈要我跟你说，不要太拼，要放松一点。

我不完全同意你妈的话，没点拼劲，那不叫高三，不能说走过高三。回头看高三，最自豪、最能在泪水中笑的，高三痛过、苦过、恨过、挺过。早上 6 点 35 分出发，一路背书；作业写到手酸；晚上 9 点 32 分上车，一路复习；到家里，看书、作业。前两天晚上，在小区里走路，你妈问我：高三的孩子，是不是都像童童那样的？我答：不会。

高考不在冲刺，而在持久。除去寒假，还有 6 个月，童童，我还想给你讲点长跑的智慧。

1984 年，东京国际马拉松比赛，名不见经传的日本选手山田本一，出人意料地夺得冠军。记者采访他，他说："用智慧战胜对手。"许多人认为，这个偶然跑到前面的矮个子，故弄玄虚。马拉松赛，体力和耐力的运动，爆发力和速度都在其次，用智慧取胜？

1987 年，意大利国际马拉松比赛，山田本一又获得世界冠军。记者采访他。山田本一仍是上次那句："用智慧战胜对手。"

10 年后，谜底终于解开。山田本一在自传中说，每次比赛前，他都要乘车看比赛线路，沿途画下醒目的标志。如，第一个标志是银行，第二个标志是大树，第三处标志是红房子……一直画到终点。比赛时，他奋力冲向第一个目标，到达第一个目标后，又以同样的速度冲向第二个目标。40 多公里的赛程，分解成几个小目标轻松地跑完了。

山田本一说，起初，他把目标定在40多公里外的终点，结果跑了十几公里就疲惫不堪了，被前面那段遥远的路，吓倒了。

童童，你知道的，我和你妈都没上过高中，这里，我凭生活经验，说三点给你参考：

第一，直面高三。这一点，你做得很棒。就这样过你的高三吧，不回避，不逃避。去医院挂水、验血，我总盯着针头，看着它进入静脉。面对了，痛苦一点也不可怕，心头反而涌起一股征服的喜悦。有的人，要挂水了，挑静脉了，头转向另一边，好像看不见了，痛苦也就没了。相反，转头的人群里，才有哭声，面对针头，即使哭，也不会有人看见他的眼泪。

第二，请教老师。一些人很勤奋，很用功，却不去问自己困惑的、最想知道的。我很高兴，你和我探讨写作。上回，你尝试转变风格，我太过心切，一帽子端出了不少看法，你受伤，我内疚。我问了很有威望的高中语文专家，他说，高考作文要以"结构"取胜。结构，不要经常变，练自己最拿手的。金庸善写武侠小说，琼瑶善写爱情小说。霍元甲拿手迷踪拳，叶问拿手咏春拳，李小龙拿手截拳道。高手，不是什么都会，有自己的绝活而已。前两篇的结构，基本一样，第二篇的更精致，加入了"荷"的意境，"父亲"的形象。第三次、第四次，属于你的那个"结构"，会越来越丰富，越来越成熟。霍元甲的迷踪拳，起初也只是一个轮廓，渐渐丰满成拳法。

第三，注意身体。感冒一次，所导致的学习效能的低下，一周的努力才能补上。发烧两天，所导致的学习效能的下降，两周的努力，也不一定能补上。童童，记得啊，保重身体，就是最重要的高考智慧。困了，要早点休息，早点睡觉；长久不动，不舒服，要甩甩胳膊、动动腿，出去走走。这不是偷懒，不是不努力，这是高考的智慧。

童童，我和你妈欣慰地看到，你渐渐在成为微笑着、看着针头进入静脉的那个人。有了这样的勇气，爸妈老了，也可以放心地离去。高三，不只是学习，也是人生的修炼。

且从容面对，笑看花开花落。

老爸

写于 2013 年 10 月 28 日，改于 10 月 31 日晚

52. 伤害

童童：

仿佛，老天也妒忌你的状态，于是演了一场情感的闹剧，来干扰你。

从小到大，从没有如此的委屈、孤独，困扰着你。情感的伤害，对于每一个珍惜感情的人，痛彻心扉。伤越大，心越痛，越能看出你的感情的真挚和丰富。一个情感丰富、真挚的人，一定会有朋友的。一个对朋友一而再伤害的人，不会有真正的朋友，有的，只是逢场作戏。这样的人，不配做你的朋友。

你妈偷偷地掉眼泪。我劝你妈，童童所受的伤，我们看着心疼，我们默默关心，然而必须要童童独自面对。人的一辈子，迟早要有情感的伤害。友情的背叛，爱情的分手。幸运的人，没有友情的背叛、爱情的分手，至少也会遭遇一个个亲人离世的伤痛。

情感的伤害，我们注定要面对的一项修炼。

情感是美好的，拥有美好的情感，即便寒冷的冬天，也会温暖如春。

情感是可怕的，受到情感的伤害，即便温暖的春天，也会冷若冬霜。

几乎每个周末，我都会给你育新哥发短信，发的最多的：要学会理智地生活。理智，让我们少受情感的伤害；理智，让我们活得豁达。很多时候，要在情感伤害的萌芽期，就用理智的刀斩断它。理智的功用正在于此。

我和你妈都很庆幸，情感的闹剧，不是发生在半年后。看来，上苍的安排，不是无情的。如妈妈说的，不管怎样，最亲的人永远在你身边。我替老舍难过，"文革"期间，他的家人也跟他划清界限。我也替巴金高兴，"文革"期间，他的家人永远和他在一起，他挺过来了，有了撼人的《回想录》。

生活中的人形形色色。一辈子能找到两三个，和你怀揣相似内在的人，足矣。童童，历经此事，你至少看到了真正关心你的人，内心里真正有你的人，也看到了曾以为是好朋友、原来不是的人，一些鸡毛蒜皮就可以给你一刀、两刀，往死里捅你的人。

什么样的人可以信任，什么样的人可以深交，什么样的人话只能说一半，小人不能深交又不能得罪，诸如此类，迟早要去经历、历练。此过程，往往"伤害"和"成长"并存，好比"错题"和"提分"并存一样。

李鸿章带了三个人，去见曾国藩，还没开口，曾国藩说，第一个人不可用；第二个人可用，要当心；第三个人可大用。原因，第一个人，我看他，他不敢看我；第二个人，我看他，他看了我一眼，马上低下头；第三个人，我看他，他也打量了我。李鸿章不信，全留用。三人的发展，一如曾国藩所料。

识人，一门大学问。

人生路上的种种坎坷，不能说饱经风霜，爸爸也确实经历了不少。有过情感风波，往后你去远方，我放心多了，你会平淡许多，平静许多。一个人拥有了平淡、平静的心怀，处事会清醒很多，智慧很多。手抓沙子，太紧，手的痛苦大了，手里的沙反而少了。情感，不能握太紧，太紧，手里的沙少了；松松手，给彼此一个空间，手里的沙反而多了。曾经付出那么多，要放手，说起来容易，做起来难。而处事的智慧，大都在"松手"之间。

大侠受了小人的暗算，大侠依然打败了小人。大侠有一句经典的台词：我受伤了，我依然比你强大。别人以为你要倒下了，你要站起来，我想起了电影，也想起了我们的童童。

我们永远在一起，直到你养好所有的伤。

明年春天，院里的花依然那么美好。

爸爸

写于 2013 年 11 月 13 日，改于 15 日

附：

1. 你是对的。什么时间干什么，读书的时候读书，高三的时候高考。要做好当下的事，就要有心无旁骛、专心致志的心境。2. 人不是神，人无法完美，不需要追求完美，不需要什么都好，也不需要让什么人都喜欢。人这一辈子，有三两知己，足矣。3. 有些人注定是来爱我们的，像爸爸妈妈；有些人注定是来考验我们的，像你正经历的。对于爱我们的人，我们心存感激；对于考验我们的人，我们学会宽容。

53. 不变

童童：

时光就这么公正，快乐也好，悲伤也好，他不紧不慢、不紧不慢地走过去。

高三上学期，不快与伤害，时光不紧不慢地走过去；寒假，放假那天接你，阳光很好，影子温暖地、悠闲地摇曳，你从校园里出来，时光不紧不慢地走过去，转眼，高中的最后一个寒假过去了。童童，所有的快乐，看淡些，时光不紧不慢地告诉我们的；所有的悲伤，看淡些，时光不紧不慢地告诉我们的。

年初十，阿姨说起儿子，焦虑又无奈。阿姨喜欢睡小懒觉，这个寒假，她早早起床，以自己的早起，带动儿子的早起。哪知道，儿子不买账。她问我，童童怎么样。我含糊其辞，没说什么。我不能以女儿的省心、放心，伤阿姨的心。

妞妞姐找你看电影，你没去，复习。去看电影，也很不错，我和你妈都支持。你没去，要完成自己的复习，作为父母，想到阿姨，欣慰。

高中的老师、曾经的高三学生都讲，高三下学期几乎全是复习，学习成绩几乎都已注定。几乎没有学生，一个高三下学期，突飞猛进。文理分科后，语数英三科，最主要的几次考试，最低你考过367，加5分，372分，相当于群辉哥的分数。最高考过 404，加 5 分，409 分。取中间，约 390 分。这次期末，383 分，加 5 分，388 分，正常。晓辉老师为你的数学惋惜，说，正常的话，能多考七八分。所有学科都没有遗憾和失误，那就是超常发挥了。超常发挥，不是自己原本不会的，这次都会了；而是会的，都做出来了。

女儿，就按你的脚步走，时光那样不紧不慢，笑也好，哭也好，闹也好，时光总不紧不慢。时光的伟大正在于此。一个人的伟大，也在于此。世间的伟大，其实都很平常。

这学期，可能 6:30 到校，那你晚上的睡觉，要提前半个小时，不要被学校的时间表，打乱你的脚步。你要知道，学校的时间表，为那些不自觉的人设的，不是为你。

还有一个建议，每周三晚上，回家不看书，不背书，不做题，就睡。给自己一个放松的晚上，每周给自己一个相对轻松的晚上，表面看，你失去了一个小时的学习，然而，多了一个小时的睡眠，第二天学习质量、学习效能会高，不只能弥补损失，还会有盈余。

16 日开学，到 6 月 6 日，111 天。我和你妈祈祷，祝你实现自己的梦想。

不管育新哥，最后考上了本一还是本二，依然是舅舅、舅妈、外公、外婆的宝。不管你最后考了多少分，上了什么学校，你永远是我和你妈、爷爷奶奶的宝，这一点，时间再怎么不紧不慢，都无法改变。

老爸

2014 年 2 月 15 日，期待 2015 年的情人节快点到来

54. 释 放

童童：

周日中午，你回家哭了一场。

"让女儿哭，哭是一种释放；能哭出来，不是坏事。"我对你妈说，"可惜，我已经很多年没哭过了，泪腺怕都萎缩了"。男人，不能动不动地掉眼泪。男人的累，不能以眼泪来释放。偶尔哭一下的女孩，很动人，很可爱。告诉你哦，男孩大都喜欢柔一点、弱一点的女孩的。

童童，释放心里的累，除了眼泪，还有——

第一，说出来。

回家的车里，睡觉的前夕，和妈妈说五六分钟的话。有点小毛小病的人，一般不会有什么大病。时有点小病，时服点小药，病菌还在萌芽状态，就给灭了。每天晚上，说个几分钟，爱说什么就说什么，不满什么就说什么，好笑什么就说什么，说话间，不好的情绪"带"出来了。老早上学，老晚回家，又总在复习、背记中，每天和妈妈说的话，也不多。和妈妈说说话，不只你有益，你妈的心情也会大好。

第二，动出来。

你们要跑 800 米，晚上我陪你练，我心情舒畅。跑完，看着你只顾气喘吁吁，忘了高三的功课，也忘了高三的不快，心里有说不出的轻松。运动的好，绝不只是健身。每天晚上，陪你跑上五分钟，心情好，跑得慢一点，心情不好，跑得快一点。对于老爸我，也是一种幸福，真的。

第三，吃出来。

家里的零食不算少，喜欢而没有的，告诉妈妈，妈妈会紧急采购。吃点东西，给胃一个安慰和享受，牙齿的运动，也可以释放压力。

第四，听出来。

听喜欢的歌，那些或忧伤或冷艳的歌，也会安抚我们的心灵。

说话、跑步，会不会浪费时间？不会。对你来讲，不会。那些喜欢说话、喜欢运动的人来说，或许会，对你，一点也不会。你这么做，就是在备战高考，一种极好的备战方式。

昨天，参加你们的"誓师大会"，说"决战 50 天，提高 20 分"。对于学习落后，有较大空间的人来说，或有此神话。对你，就当美好的鼓励和祝愿吧。我听说，高考，心态好，能比正常水平，多 10 分；心态不好，会比正常水平，少 10 分。我偏信此话。和妈妈说个话，和爸爸跑个步，我们一家人，乐融融地说着、跑着进高考，多好的备战高考啊。

现在，我在机场，20：10 的飞机，长沙。飞机若准点，你到家，我到长沙。不知道长沙的机场，有没有帽子。若有，你想要什么样的？跟妈说，让妈给我 QQ 哦。

真想做你的"表哥"的老爸

（戴了小 C，感觉很棒！）

写于 2014 年 4 月 17 日，改于 4 月 18 日，杭州萧山机场

55. 站位

童童：

　　这是高考结束后，爸爸给你的第一封信。

　　高一，我们去江南水乡，吃高中第一餐的情景，初一，我们去阿英煲吃初中第一餐的情景，历历在目。时光不紧不慢地走过去，哭也好，笑也罢，六年中学，就这么没了。

　　高考前没几天，对数学你很焦虑，你妈也是，要我想办法，要我联系任老师，联系张老师，合适时安慰你。晚上，妈妈要我带你去东太湖，缓解压力，你妈让我呐喊，最好引出你的呼喊，发泄，释放。

　　高考头两天，正好双休日。中午，你妈怎么也坐不下来，吃过饭，吵着要我开车去你学校门口，说，或许能看到女儿从食堂走出来。去了，没看到。傍晚，你妈又吵着要去看你。这次，见到你了，带着你去小公园哭了一场。送你进了教室，回家的路上，你妈又伤心又有成就感，说，你看，去对了吧。

　　临近发榜，你妈很焦虑，她焦虑着你的焦虑，你妈不是怕你没考好，而是怕你不接受自己的没考好。好在，没有想象中的滑铁卢。那晚，你妈睡得很沉，有点小呼噜呢。

　　填报志愿。叔叔带陈青来，半小时就搞定了。而你，三天三夜都搞不定，那是我们太在乎，我们太在乎你的在乎。我们担心你无法接受山东大学，担心你真的落到苏州大学，会怎样。

第一批次的投档线出来了，得知你过了北师大的线，我正在千岛湖讲课。几百个听课的老师知道了，都为你高兴，鼓起掌来。我第一时间告知了你妈。我们以为，多了2分，加上2个A+，能进你想的中文系，我虽不认为那专业很有用。没想到，15日，前往河南的路上，倪叔叔通知我，你录取于人力资源管理专业。我第一时间发给了你妈，你妈第一时间反馈我，女儿哭了，要我想办法转专业。你妈的心思全在你身上。你妈把我想得神通广大了，转专业的事哪有这么简单。

我也第一时间联系了安子叔叔，大学教授对大学内部的专业、转专业，有着专业的见解。安子教授说，人力资源管理是个新兴的专业，也是个不错的专业；转专业，要一年后；一年里，要好好念这个不喜欢的专业，成绩好才能转，不然花费大；也可以考研换。

微信里，我跟你聊了，汉语言专业最本质的，写一手好文章，其他次要。而写作，跟一个人的阅历、经历、视野有着重要的关联。参加二战的老兵，写回忆录，畅销。一个老在编辑部里的人，写不出好东西。人力资源管理，进入企业，做白领，里面的种种较量，能写出好小说。

北师大，在我们老师的眼里，是一所非常好的大学。也因此，千岛湖那天，老师们为你鼓掌。说实话，老爸对你的期望，人民大学。我至今还认为，你的实力完全能上。现在，我想明白了人生中很重要的事。"茶七酒八"，我们常说的话，茶和酒，都不能倒满。要想长寿，饭也不能吃太饱，不能让你的胃满负荷运行。八分的能力，幸运地得了十分的成绩、荣誉，"盛名之下，其实难副"的不安与焦灼，很难受。这些年，我走的地方多了，媒体报道多了，出的书多了，"粉"你的人多了，我越来越不安、焦灼。你有上人民大学的实力，而上了北师大，一个很好的站位，非常好的站位。我忽然明白了里面的、一时还难以完全说出来的玄机。

上帝的安排总有许多令人费解的地方。我数学好，阴差阳错地做了语文老师，居然出了 11 本书，每年拿的版税比工资、奖金都高（要不，我们的生活怎么这么滋润呢？嘿嘿）。人活着，有很多的不确定。你不想读"教育专业"，读了，未来怎么个样子，似乎都在眼前了。莫浩杰不想读医学，除了怕血，说不定也有此原因，读了南医大，未来的路已经定了，没什么变的余地。读了"人力资源管理"，你依然有很多的不确定性。去看看自己完全陌生的领域，想来也不完全是坏事。小的时候，你说要做白领，能走来走去、飞来飞去的那种，有点像《致青春》里的郑薇，毕业后，大公司做事。我也越来越确认，童年的力量如此巨大。

四年大学即将到来，四年北京生活即将到来，无论怎样，都那么令人向往。想想我和你妈，在吴江县城完成了最后的学业，羡慕嫉妒不恨啊。

进入高三，给你的信，你妈都要审阅，我才能打印出来。你妈怕我有不周之处，敏感的你会多想。这次，我没请示她，直接发你了。

我在河南信阳。信阳在河南的最南面，与湖北的武汉很近。应该乘动车到武汉，武汉再到苏州。我们不知道，往北坐到了河南的省府郑州，再往南绕回到苏州，多走了几百公里的路。呜呼。

老爸

2014 年 7 月 20 日星期日，中午 11:41

G835，信阳东—郑州的动车上

56. 手机

童童：

高考后，你买了手机，不是三星，不是苹果。你能管住自己，不追逐名牌，我和你妈欣然。

手机彻底改变了我们的生活习惯、休闲方式。高铁、地铁，几乎所有的人，都低头捧着手机。由此，我对地铁、高铁、飞机上捧着书的人，从好感升为敬意。

30 年前，电视普及，不少人担心，会害了学生，我没担心。10 年前，电脑和网络普及，不少人担心，会害了学生，我没太多担心，毕竟，你不可能抱着笔记本到处走。智能手机普及，随时随地的无线网，口袋里的玩意儿，能看全世界，我也担心了。

如何跟手机相处，成为现代人的生活课题。

一次，请戴梦瑶姐姐、梅莹姐姐吃饭。邻桌一对年轻人，看似恋人，点了菜，各玩手机；菜来了，各吃一口，各看手机；看下手机，吃口菜。一顿饭下来，没听他们说几句话，结账，走了。我们都笑了。

曦曦小，好动，脚头快。一转眼，跑到了河边。好婆喊胖叔追出去，当心孩子。胖叔紧盯手机，慢吞吞、慢吞吞地，好婆不开心。

年轻人每天看手机的次数，据说高达 200 次。除去 8 小时的睡觉，一天

16个小时,平均每小时看12次,5分钟看一次,远高于看自己的父母、伙伴,也超过了看热恋中的恋人。世上从来没有一个东西,如此高密度地介入我们的生活,越来越多的年轻人,成了手机控,哪天忘了带手机,手足无措,六神无主。时间的空隙全被手机信息、网络图片、网络视频、手机聊天所填补,人,从此没了面对自己的时间,一个人安静思考的时间。

童童,除去必要的信息联系,我以为,一天在手机上浏览新闻、发布微博、可有可无的聊天,不要超过30分钟。手机是工具,联系的工具,查阅的工具,娱乐的工具。工具的本质是"为我所用",而不是"为工具所误"。

如何判断一个人已经"为工具所误"了呢?——

第一,因为手机,忽视了现实的人。几家人小聚,几个孩子低头玩手机,太普遍了。你们说,我们跟大人没有话;你们要说,小伙伴不熟悉,没话。当年我们随大人去吃饭,也无聊。没有手机,我们只能听大人讲,从大人的谈话里,了解了大人的世界。没有手机,我们只能和不熟悉的伙伴瞎扯,我们渐渐熟悉起来。手机,成了不倾听、不交流的最大的借口。

第二,大量的时间浪费在手机上。每天,出版的报刊、书籍,都数不胜数。报刊、书籍的出版,有较为严格的审查,不到那水平、没有那权利,没有出版的资格。博文的发布、评论,几乎人人可以,随时可以。网络信息的庞杂到了吓死人的地步。很多人,要看名家的信息,要看朋友圈的信息,要看自己的信息的评论,要看自己关注的领域的信息……这些信息往往属于"即时信息",看一眼就过去了的信息,一天下来,似乎看了很多,又似乎什么也没看。

第三,大量的钞票浪费在手机上。卖肾换手机,那是极端的例子。跟父母吵着要买高端手机的青少年,却大有人在,手机成了炫富。厂商每年都要推新品,好时尚、好流行的青少年,为手机而累、而困,美好的青春似乎为高档手机而生。我有一个朋友,三十出头,用普通的国产机。他的收入,换台手机很简单。仅这一点,我以为他可以走得很远。你能管住自己,不买三星，不买苹果，抵挡炫的诱惑，我由衷地欣赏、欣慰。

童童，跟手机保持必要的距离，你们年轻人大学的必修课。这门课不仅要修，还要修好，高分毕业。新科技带来的新产品，既是你们的幸福，也是你们的烦恼。某种意义上说，每一个新产品的诞生，也为你们如何有限度地使用，增添了一门功课。很多次，妈妈发你的信息，你都没有回；妈妈拨你的电话，你没有接。哦，你开了静音，听不到、看不到。我们一点也不生气，女儿在手机的使用上，有自制力，高兴。

那天下午，你和妈妈去商场，没带手机，故意不带还是忘带？不得而知。我想你是故意。此类尝试，可多些。"无烟日""无车日"，现在，也过"无手机日"。

饭吃太饱了，不舒服；衣服穿多了，不精神；路走多了，会累；走少了，会懒。智慧的代名词，叫"度"。手机，不只中国的年轻一代的难题。菊荣伯伯说，小兔子去美国读书，监护人有一条"手机管理"，21:30，关断无限网络，上交手机。

手机的问题，"度"的问题，一辈子要琢磨的问题。

爸爸

2014年8月5日，傍晚 17:20

57. 独行

女儿：

祝贺你，来到了梦想之城——北京。在这里，你至少要过四年。北京，由此注定成为你生命中的另一座重要的城市。

我生命中的城市是吴江，这个县城曾是我们农村娃的天堂。16岁那年，爷爷陪我到吴江师范，交好费用，爷爷回家，我留在学校。头一周，彼此不熟悉，晚上，一个人待在蚊帐里，想家，酸酸的，思念汹涌，一种想哭的念头。

头一个月，我和你妈最为担心。担心你是否适应气候，担心你的身体是否健康、能否每天去"上吊"？担心你的屁股是否认卫生间的蹲位？担心你遇到了麻烦能否自己解决？担心你情绪有了起伏能否自我消化？担心你与室友的相处是否融洽？

大学，独立的开始。你要独立处理生活中的种种小事、种种细节、种种麻烦。掉了一个纽扣，丢了一把指甲刀，得了一个感冒，都要你处理。也只有经历它们，你才能真正成长。

开门不打笑面虎。童童，与人相处，多宽容，多微笑。生活中，难免有误解，有中伤，一笑而过吧。做不到，找个无人的地方，哭一场。众人面前，尽量"喜怒不形于色"。"喜怒不形于色"，是城府，也是胸怀。一句话不合意,"吧嗒"关门,家里可以,学校里不行。

大学四年,住一个宿舍的,都是有缘人。好缘的人成为好姊妹;孽缘的人,就当还前世欠的债。"得饶人处且饶人",是善良,也是气度。个性,是好东西,也是坏东西。没有个性,不能成才;成才了,不磨掉个性,个性又伤你。以父亲的名义,我常自私地想,宁可女儿不成才,也不希望她为个性所伤害。

高中的友情风波,怎么跟同学相处,你也有了自己的看法。我的话,只是一个父亲的唠叨,见谅。

戴天仪、周雨乐、周乐鸣,你们不能相见,也好。感情要有距离的发酵,距离给人回味,以往忽略的细节,会在空间里咀嚼、回想。距离和时间,一些朋友会留下来,一些朋友会淘汰。当然,距离和时间里,也会诞生新的朋友。

一个人在外,女儿,请你记得,最重要的东西叫"生命"。钱物,在生命面前都没有了分量。大学生活,有了摩擦,那些摩擦若钱能解决的,都是小事。

你可能会说,老爸,你那么小气,那么吝啬,怎么说"钱"是小事?

给你的生活费不高,要你写东西,用文字来赚我的钱,那不是我吝啬。一个女孩子,会写东西,做编辑、做记者、做文秘,或者,干脆在家写点文字,给阿庆伯伯们投稿,挣点小稿费,过过小日子,也不错。看周围,没有一个人会说自己不会读,却有很多人承认自己不会写。即便会写的人,都说,写东西好辛苦啊。辛苦,那是功夫没到家。童童,会写的人,依然稀缺。

要投稿,要发表。怎么投,命中率高?要琢磨报纸、杂志的栏目,看报刊的哪些栏目,和自己的风格相似、相近,你就投。莎士比亚说,一切不以结婚为目的的谈恋爱都是耍流氓;管建刚说,一切不以发表为目的的作文都是瞎扯淡。有了发表,才是真写作,不然,都是写作业。

阿庆伯伯手里,有一份报纸,一份杂志。报纸,他要千字文,2000 字内的小小说。杂志，要几千字的小说，几千字的如《法国，你好》的游记。到了北京，你可写"北京的小吃""北京的夜景""北京的胡同"之类。

17日傍晚，散步，我跟你妈说，要不，多给女儿打些钱，让她写文章"还"。你妈笑着说，看你，又宠女儿了吧？哎，我承认，手里有了闲钱，而能对孩子狠心的，好难。打着"父爱"的旗号，我几次险些掉进温柔陷阱。

你走之后，妈妈最不适应。早上，不再有人要她早起，晚上，不再有人要她备水果，要她接，要她擦背，要她递东西。周日中午，也不再有人要她做午饭。烤面包、做饼干、做酸奶，就此停工。双休日，我外出讲课，妈妈更无聊。9月，你要多给妈妈发QQ。10月，我要忽悠她学书法，练毛笔字，你妈有很好的书法基础。

7月31日，我在四川的绵阳师范学院讲课。接我的邰老师，河南开封人。河南师范大学毕业，又到山东大学读研究生。我很好奇，怎么在四川绵阳落了家。邰老师说，男朋友到了四川绵阳，她跟过来了。顿了一会儿，邰老师说，五年前结婚了，新郎却不是当年的他。邰老师说得平静，我听得不平静。千里之外的北京，我希望有个男孩照顾你，又怕你从此像邰老师那样离开我们。父母的矛盾总那么多。

信封里的800元，太外公、太外婆给你的大学贺礼，那是来自天堂的贺礼。

太外公临终前交代太外婆，童童读大学了，要送上贺礼，数目不能小（对于农村的、没有劳动力的太外公、太外婆来讲，这是很大的数目啊）。没想到，太外婆也没能等到你上大学。清醒的时候，太外婆交代了奶奶。所有的贺礼中，这笔最珍贵，一定要给你。女儿，来自天堂的贺礼，不到关键的时候，不要轻易用，你当然知道，800元的价值远超过800元。

"你若安好，便是晴天。"

这，将是今后多年，最适合我和你妈的话。

爸爸

2014 年 8 月 21 日，晨

附：有难事、急事，可找吴琳阿姨、久铭叔叔。

58. 别后

童童：

　　动车准时到达苏州站，我们乘坐地铁 2 号线，到石湖出口，打的。到家 10 点，妈妈忙着做饭，奶奶忙着拖地、洗衣服，爷爷抽烟，辰辰在书房里翻书，我喝道：以后要多做题，看书，不等于会做题。

　　从昨晚起，我生辰辰的气。

　　昨天下午，辰辰去北师大东门边的文具店，买了卡片。我要她写一张给你。她写了，字很大，潦草，还涂改。她居然写"管童"，而不叫"姐姐"。

　　我要她重写。

　　第二张，字稍微好了一丁点，称呼还是那称呼。

　　我说："不要你送了。这么不礼貌。"

　　她真的没送。

　　气死我了。一路上，我没给她好颜色过。

　　吃过中饭，叔叔来接爷爷、奶奶、辰辰回乡下。这一走，我们的房子里空落落的。

　　妈妈在睡觉。昨晚，妈妈没睡好，前晚也是。现在，她总算睡着了，沉沉的。

　　我有点儿心神不定。去你的房间转了一圈。打开灯，看你的卫生间。洗手池上，有一张贺卡，妈妈给你的：

圣诞礼物妈妈已经准备好了，你一定会喜欢的。看着你不开心的样子，妈妈好心疼。对着镜子笑一个，好吗？爸爸妈妈永远祝福你！

时间是2011年12月14日，你读高一。
有一张粉红的纸，上写：

童童，对不起，明天你小高考，爸爸却又出讲课。开学至今，你全力以赴，这个过程，在我眼里，完美100分。由此过程，你可以从容淡定地走进考场，了无遗憾地走出考场。考试结束，我们去苏州，老爸请客。

时间2013年3月15日下午，你读高二。
另一张卡片，写于2014年6月6日晚。那卡片，我和你妈选了又选。要说的话，改了又改：

童童，高中三年，我给亲爱的女儿的评价：满分。我为此而感动、而感谢，爸爸心里最柔软的小棉袄。老爸还是那句话，有此过程，你可以从容淡定地走进考场，了无遗憾地走出考场。想到三天后，三个月的没有作业的暑假，靓丽的手表、智能手机、平板或笔记本，纷至沓来，乐。高考结束，过生日，去上海，我请客。

上海没去成，暑假也没三个月，生活充满了变数。
一个人在北京，你会不习惯，你妈也不习惯，掉眼泪。我以为我不会，我见过世面，有过挫折。哪想，这个安静的下午，从北京回来的第一个下午，我一遍遍地走到你的房间，看着床上凌乱的被子，看着钢琴上凌乱的谱子，看着书桌上凌乱的物品，我错以为，你刚和戴天仪或周雨乐、周乐鸣出去了，一会儿就回来……

下午3点，去了学校。6点回家，传达室大爷说，你有邮包。广东的一个朋友寄来的月饼。

你妈说，不要吃，邮寄给童童吧。

老爸
2014年8月26日星期二下午13:48，改于晚上20:03

后记

不　憾

一路读，一路感。

六年级，跟女儿聊，难。

口头不行，改笔头。有情绪，有疙瘩，写信。信，语句能琢磨，语气能调整，现场之外，心平气和。

女儿倒也接受。

高中，妻把关，信的长短，内容，措辞。默默又翼翼，翼翼又默默，以文字陪伴女儿，记录家事。

小学六年级，到高三，七年，我们给予了关注，也给予了目力所及的帮助。

回望，不憾。

管建刚

2015年2月18日，除夕

妻和女儿，刚从镇上回来